フィギュアスケートを100倍楽しく見る方法

荒川静香

講談社

はじめに
～フィギュアスケートをもっと楽しむために必要なこと～

ルールを知らなくてもフィギュアスケートは楽しめます

フィギュアスケートをどんなふうに見ていますか？　フィギュアスケートのどんなところが好きですか？

「日本の選手を応援するのが何より楽しみ」「浅田真央《あさだまお》選手のトリプルアクセルが見たい」「髙橋大輔《たかはしだいすけ》選手の情熱的なステップがかっこいい」「音楽が好きで、曲と踊りがどんなふうに調和するのか見たい」「華やかな衣裳《いしょう》を見るのが好き」……。

フィギュアスケートには、実にさまざまな見方があります。お子さんから、ご年配の方まで、ルールをまったく知らない人でも楽しむことができる——それがフィギュアスケートの最大の魅力であると思います。

私自身がそうでした。

5歳の時、両親と遊びに行ったスケートリンクで、「ヒラヒラ」の衣裳を着た女の子たちを見て、「私もあれを着たい！」と思ったのが、スケートを始めたきっかけです。

ルールはおろか、フィギュアスケートがスポーツ競技だということさえ知らないまま、ただ「ヒラヒラ」に憧れてリンクに通うようになりました。

私の入り口は「ヒラヒラ」でしたが、音楽でも、衣裳でもなんでもいい。どこからでも楽しめるのがフィギュアスケートです。

フィギュアは勝ち負けをつけにくいスポーツです

ところが、フィギュアスケートは、ほかのスポーツと違って、勝ち負けがわかりにくいスポーツでもあります。それはフィギュアスケートでは「技術」だけでなく、「表現」も評価基準になっているからではないでしょうか。

また、数年前には理解と公平性を高めようと、新採点方式《しんさいてんほうしき》が導入されました。

それまでの「技術点（テクニカルメリット）」と「芸術点（プレゼンテーション）」の2つで点数が付けられる方式から、ひとつひとつの技に対して細かい点数を付け、その積み重ねで採点される方式に変わったわけです。

採点方式の変更で、それまであいまいだった点が明確になったかというと、必ずしもそうというわけではありません。

どのように点数が付けられたのか、細かいデータが公開されるようになったので、公平になったように見えます。しかし、ジャッジがそれぞれの技に付ける加点、減点（GOE・Grade of Execution）や旧採点方式の芸術点にあたる「演技構成点（プログラムコンポーネンツ）」は、なぜその点数になるのか、明確な基準はないのです。

また、ジャンプの回転不足《かいてんぶそく》などについても、厳しくチェックされるようになりました。けれどこれも、ジャッジの座っている場所によって見え方が違ってくるため、「ある選手には厳しくて、ある選手には甘い」ように見えてしまうことすらあります。

フィギュアスケートをより楽しもうと必死にルールを覚えたけれど、知れば知るほどよくわからなくなった――そんな声を聞くことがありますが、確かにそう感じるのも仕方ない面があるかと思います。

フィギュアスケートは感性にかかわる部分が大きいので、ルールを掘り下げていってしまうとわからなくなってしまいます。

ですから私は、ジャンプ、スピンなど、無理にそれぞれの技の違いを見極めようとせず解説を聞いて楽しんでいただければ、それで十分ではないかと、思っています。

一緒にフィギュアスケートを楽しみましょう

ただ、もっと技やルールに詳しくなりたいと、みなさんが思って下さることは、スケート選手にとって光栄なことです。採点方式がまったくわからないままでは、試合を十分に理解することができないのでは？　と、不安に思われることもあるかもしれません。

そこで、第1章では、演技を見るうえで、どうして、この選手のこの演技はこの点数なのか。最低限納得できるように、フィギュアスケートのルール、特に新採点方式に関してなるべくわかりやすく説明させていただきます。

第2章では女子シングル選手、第3章では男子シングル選手について、観客の皆様とは違う、以前は同じスケーターとして、また現在では解説者として見た、私なりの各選手の持ち味、個性を紹介しています。近くからの視点で紹介していますので、選手たちの思わぬ「秘密」を発見していただけるかもしれません。

第4章は、選手にとって欠かせないコーチという存在について。

コーチは、観客の皆様からすると、「キス&クライ（リンクサイドの判定を待つ場所）で選手と一緒にいる人」といったイメージが強いかもしれませんが、実は、選手が戦っていくうえで、演技の修正やプログラムの構成についてだけでなく、さまざまなシーンで一緒に戦ってくれる、非常に大切な存在です。にもかかわらず、どういったことをしているのか、よくわからないという声も聞きます。

そこで、私の体験からコーチとはどんな存在なのか、選手に何を指導しているのか、そして、オリンピックを目指す選手たちに現在どのようなことを教えているのかを、紹介していきたいと思います。

第5章は、よく聞かれるフィギュアスケートに関する疑問・質問にお答えします。

私もいろいろな場所でよくフィギュアスケートに関する質問をいただくのですが、選手にとっては当たり前でも、観客の皆様からすると不思議なことが、結構いっぱいあるようです。キス&クライでコーチと何を話しているのか？　から、ほかの選手が演技している時は何を考えているかまで、できるだけわかりやすく正直に書いてみました。

この本で、選手のこと、コーチのこと、そしてルールを少しでも知っていただけたら、そしてもっとフィギュアスケートを見ることを楽しんでいただけたら、嬉しいです。

２００９─２０１０年は、４年に一度のオリンピックシーズン。フィギュアスケートが、最も盛り上がるシーズンを、一緒に楽しみましょう！

２００９年初秋　　荒川静香

目次

ブックデザイン／若月清一郎（ネオ・ドゥー）
朝比奈佳希
構成／飯島裕子
ルール監修／岡崎真（ISUテクニカル・スペシャリスト）
写真／P28・杉本哲大（アフロスポーツ）
帯・渡辺充俊（講談社写真部）
イラスト／さとうこう
ヘアメイク／帯・田中博（STORM inc.）

協力／株式会社ユニバーサルスポーツマーケティング

第1章

Lesson I

新採点方式

難しい、わかりづらいと言われる新採点方式。導入当初は私も「どうして？」と思うことばかりでした。

導入直後の違和感

それぞれのエレメンツ（演技構成要素）について細かくカウントされる現在の採点方式（新採点方式）が２００４年に導入されて６年が経ちました。ようやく選手もスケートを見る側も、この採点方式に慣れてきたのではないでしょうか？

一方で、ジャンプやスピンなど、エレメンツに対する加点の仕方があいまいだとか、ジャンプの回転不足を取られると大きく失点してしまうなど、新採点方式の難しさやわかりづらさも指摘されています。

私も新採点方式が導入された当初は、「どうして？」と思うことばかりでした。

新採点方式に切り替わったのは、２００４年の世界選手権の次のシーズンからのこと。スケートを始めてからずっと「技術点（テクニカルメリット）」と「芸術点（プレゼンテーション）」で競う旧採点方式でやってきたので、思考を切り替えることはとても難しいことでした。

６点満点だったものが演技構成点（旧採点方式の芸術点・プログラムコンポーネンツ）は10点満点に替わり、ジャンプ、スピン、ステップなど技術面においては、ひとつひとつのエレメンツが点数を持つようになりました。たとえば、トリプルサルコウは４・５点、トリプルフリップは５・５点、トリプルルッツは６点と技ごとに基礎点が決められ、さらにその出来映えによって、加点（ＧＯＥ）が付けられていきます。

全体の印象から減点方式で点数が出されていた旧採点方式に比べ、エレメンツごとに点が付いていく新採点方式は、新鮮ではありましたが違和感も大。なぜなら基礎点は技ごとに決められますが、選手によって難しく感じる技は異なるからです。

スピンの種類と基礎点

	レベル1	レベル2	レベル3	レベル4
USp (アップライトスピン)	1.2	1.5	1.9	2.4
LSp (レイバックスピン)	1.5	1.9	2.4	2.7
CSp (キャメルスピン)	1.4	1.8	2.3	2.6
SSp (シットスピン)	1.3	1.6	2.1	2.5
FUSp (フライングアップライトスピン)	1.7	2.0	2.4	2.9
FLSp (フラインングレイバックスピン)	2.0	2.4	2.9	3.2
FCSp (フライングキャメルスピン)	1.9	2.3	2.8	3.2
CSSp (フライングシットスピン)	2.0	2.3	2.6	3.0
CUSp (チェンジフットアップライトスピン)	1.7	2.0	2.4	2.9
CLSP (チェンジフットレイバックスピン)	2.0	2.4	2.9	3.2
CCSp (チェンジフットキャメルスピン)	2.0	2.3	2.8	3.2
CSSp (チェンジフットシットスピン)	1.9	2.3	2.6	3.0
CoSp (コンビネーションスピン)	1.7	2.0	2.5	3.0
CCoSp (チェンジフットコンビネーションスピン)	2.0	2.5	3.0	3.5

ステップとスパイラルの基礎点

	レベル1	レベル2	レベル3	レベル4
SlSt (ストレートラインステップ)				
CiSt (サーキュラーステップ)	1.8	2.3	3.3	3.9
SeSt (サーペンタインステップ)				
SpSq (スパイラルシークエンス)	1.8	2.3	3.1	3.4

ジャンプの種類と回転数の基礎点

	1回転	2回転	3回転	4回転
T(トウループ)	0.4	1.3	4.0	9.8
S(サルコウ)	0.4	1.3	4.5	10.3
Lo(ループ)	0.5	1.5	5.0	10.8
F(フリップ)	0.5	1.7	5.5	11.3
Lz(ルッツ)	0.6	1.9	6.0	11.8
A(アクセル)＋半回転	0.8	3.5	8.2	13.3

新採点方式、導入直後の苦労

特に最初のころは、スピンなどでどの技を組み合わせたらレベルが上がるかということがまったくわからなかったので、試行錯誤《しこうさくご》の連続でした。

「これだけ難しい技をやっているのになんでレベルが取れないの?」「こんな簡単なエレメンツになんで高い得点が出るのだろう?」そんな不信感がありました。

とにかく実際に試合でやってみなければ、誰もわからない。つまり、新採点方式に切り替わった直後を経験している選手たちは、ルールを把握《はあく》することから始めなければならなかったのです。

さらに、新採点方式のルールは、細かい点が毎年変わりました。前の年まで「難しい」と認定されていた技が、急に「簡単なもの」という認定になってしまったり、その逆もありました。必死に克服したと思ったのに、ルールが変わってしまって……これまで1年間の努力はなんだったのかと、脱力感《だつりょくかん》に襲われてしまうことさえありました。

ルールとのイタチごっこが続きました。もちろん、より公平性の高い採点にするためのルール変更だということは、わかっていたのですが、選手にとってはとにかく大変な出来事だったのです。

そんな状況の中で、引退してしまう選手もいました。スケートを始めたばかりの若い選手は、新採点方式に比較的すぐなじむことができましたが、20歳を超えた選手はそう簡単に頭が切り替わりません。「この動きをやったら得点につながる」と聞いても、それまでの体の動きを変えることは、20歳という一般的には若いとされる年齢でも、フィギュアスケートという競技では、難しいのです。

やるか・やらないか

猫の目のように変わるルールを前に、私も競技を続けるかどうか、真剣に迷いました。この先、新採点方式をマスターするには、2、3年はかかる。ジュニアの選手にとっての2、3年と20歳を超えた選手の2、3年ではまったく意味が違います。あと何年、アマチュア選手を続けられるのか？　試合に出られるのか？

いろいろなことを考え抜いた結果、私は「やる」という結論を出しました。やりたいか、やりたくないかではなく、やるかやらないかしか選択肢《せんたくし》はないと、腹をくくったのです。新採点方式では高得点をたたき出すビールマンスピンを「私の体に合わないから」と導入しなければ、高得点を狙ううえで、ルールに対応しきれていないことになる。新採点方式にどんなに不満でも、ルールが変わるわけではない。それが嫌ならこの世界から出て行くしかない……そう考えました。そして、決意したのです。やるべきことをしなければ、勝てない。新採点方式を徹底的《てっていてき》に攻略《こうりゃく》するしかない、と。

「新採点方式だとイナバウアーは0点」と
よく言われましたが、
まったく点にならないかというと、違うと思います。

一度はイナバウアーを外した理由

流行語の賞まで頂いた「イナバウアー」ですが、新採点方式に切り替わった直後は、やっても意味がないと、正直、思っていました。特にそれを痛感したのは、新採点方式が導入された2005年の世界選手権。9位と惨敗《ざんぱい》し、オリンピックまで1年ない中で、これは新採点方式を徹底的に攻略しなくては勝てないと、強く思ったのです。

ジャンプやスピンと違って、イナバウアーはひとつのエレメンツとしてカウントされません。得点に直接反映されることはないのです。新採点方式の下では、限られた演技時間の中で、得点になる技をどれだけ確実に決めていけるかが勝負になります。ただでさえ時間がない中、得点になるかどうかもわからないイナバウアーを入れている余裕はないと思うようになったのです。

ノービス（小学生）やジュニア（中学・高校生）の選手であれば、ゆっくり新採点方式になじんでいけば良いのですが、トリノオリンピック後の引退を考えていた私には一日でも早く新採点方式を攻略する必要がありました。

レベル4（最高難度）のスピンとして認定されるためには、ビールマンスピンやY字スピン、ドーナツスピンなどを組み込みました。とにかく人がやらないような高度なスピンをやらなければ得点にならないと思ったのです。新しいことをどんどん吸収していくことのできる10代の選手とは違います……まさに、老体《ろうたい》にむち打って（笑）とでも言いますか、大変だったことをよく覚えています。

旧採点→新採点は、ローマ字入力→仮名《かな》入力

新採点方式のスピンでは、チェンジエッジといって途中でイン（内側）とアウト（外側）にエッジ（スケート靴の金属部の氷に触れる箇所）の乗る位置を切り替えることが評価につながります。当時の私には、スピンの途中でエッジを切り替えるという発想自体、まったくなかったのでとても戸惑《とまど》いました。というのも、エッジは、特にバックシットスピン（腰をかがめた座ったような姿勢でのスピン）などでは、アウトにするほうが高度で難し

スケート靴(右靴)

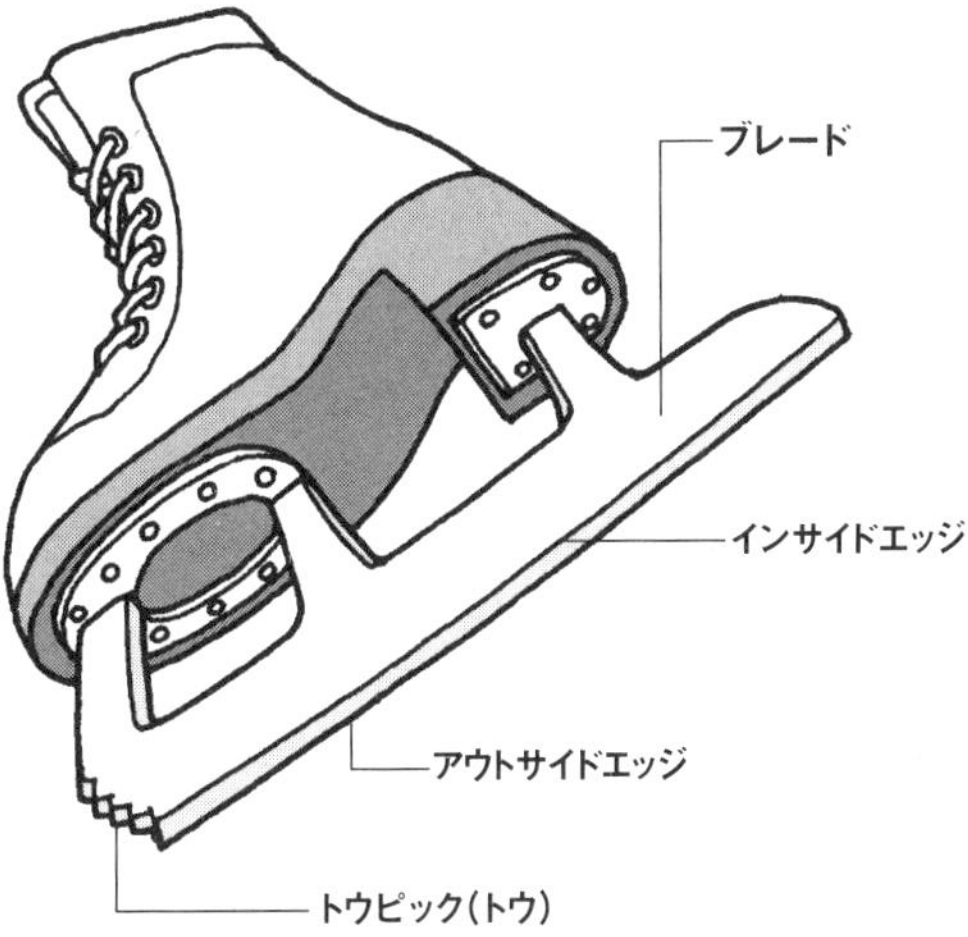
ブレード
インサイドエッジ
アウトサイドエッジ
トウピック(トウ)

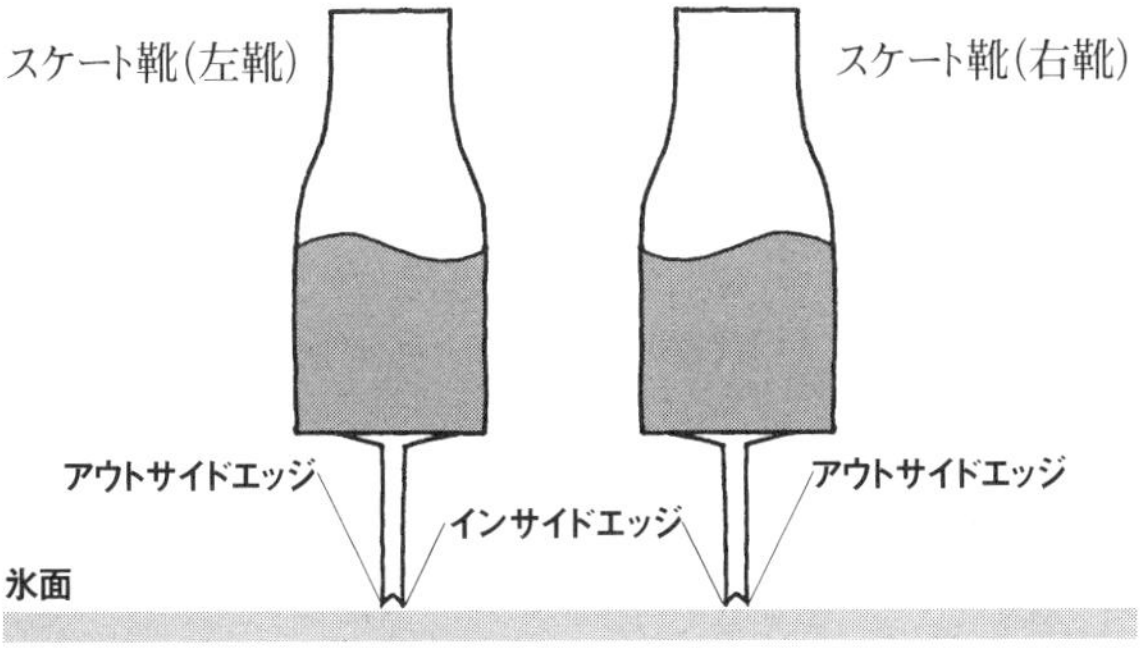
スケート靴(左靴)
スケート靴(右靴)
アウトサイドエッジ
インサイドエッジ
アウトサイドエッジ
氷面

いとされていたので、このスピンの時はずっとアウトにするようにと子どものころから指導を受けてきたのです。このように、旧採点方式から新採点方式への変化は、たとえるなら、ローマ字入力でワープロやパソコンを打っていた人に、仮名入力に切り替えろ、というくらいの大きな変化でした。

現在のアマチュアの世界でも、ジャンプのイン・アウトの踏み切りで苦労している選手がいますが、幼いころから身につけてきたものを変えることは、非常に難しいのです。

同じような印象のプログラムが増えた

新採点方式が導入されてすぐのころは、ほとんどの選手の演技が淡泊《たんぱく》になり、同じようなプログラム構成になりました。得点が取れるエレメンツが決まっているので、決められた枠の範囲内《はんいない》でプログラムを組み立てなければいけなかったからです。

誰かがこのエレメンツで高得点を取ったとなると、皆が同じエレメンツの組み合わせ方をするようになります。

そのうえ、スパイラルシークエンス（スパイラルを続けて演技すること）も保持しなければいけない時間が決められていて、足りないと得点になりません。アップテンポの曲では、長いスパイラルよりむしろ、早い切り替えのほうが曲に合っていて面白いのではないかと思うのですが、曲を無視してでもスパイラルを維持するしかありません。

そういった中では、人を感動させるプログラムはなかなか生まれにくいと、私は思いました。全体の印象や曲との調和よりも、確実に点数に結びつくものに力を注いだほうがいいとなってしまっても仕方ないからです。当時は、面白い技を試そうとする人がほとんどいなくなって、選手の個性が奪《うば》われてしまったように感じました。

イナバウアーの意義

そんな状況の中で、私が得点にならないと言われたイナバウアーをオリンピックで取り入れたのは、ニコライ・モロゾフコーチの存在が大きかった。

選手である以上、決められたルールで戦うのは当然のこと。だから私も新採点方式に負

2009年8月に開催された
「フレンズ オン アイス」でのイナバウアー。

けないよう、得点を稼げるプログラム構成を必死に練《ね》りました。まさにルールとの戦いです。その結果、5秒だけスペースができました。「イナバウアーのための5秒じゃないか」とニコライに言われ、イナバウアーをやる決意をしました。

実際、オリンピックで滑ってみて、やはりイナバウアーは無意味なものではなかったと感じました。明確に点数として加点されるわけではありませんが、全体の印象や表現がカウントされる演技構成点には、確実に反映されていたのではないかと思います。

それ以上に、私自身、自分の良さを最大限に発揮《はっき》して滑れたという満足感がありましたし、お客様の反応や全体の盛り上がりからも、点数には換算《かんさん》できない大きな価値がイナバウアーにはあったと確信しています。

あれから3年が経ち、新採点方式による試合が積み上げられてきた現在では、確実にレベル4を取れるエレメンツというものが明確になってきました。その結果、曲に合わせ、さまざまなエレメンツのバリエーションを組み合わせていくことで、より個性を発揮できるプログラムを見ることができるようになったのではないでしょうか。

新採点方式に勝つ！には、ジャッジに対して「鈍感」になることです。

選手は意外と気にしていない

新採点方式になって、跳べていると思ったジャンプが回転不足になったり、インに乗っていたと思われるエッジをアウトと取られたり……実際の演技と採点結果に「？」と感じる方も多くいらっしゃるのではないでしょうか。

素晴しい出来だと思ったのに、得点が伸びない選手、逆に失敗したように見えるのに評価がそんなに落ちない選手などに、「見れば見るほど不信感を抱いてしまう」とか、「あんなに頑張っているのに、評価されなくて、選手がかわいそう」といった声を聞くこともあります。

でも、実際に滑っている選手は、意外に何も感じていない人が多いように思います。結果に対して〝鈍感〟になっているというほうが正しいのかもしれません。少なくとも私はそうでした。

なぜその点数なのか？　わからないことに慣れすぎてしまったので、出された結果についてひとつひとつを追求しようとは思わなくなるのです。もちろん演技ひとつひとつについては、後でコーチと一緒に録画を見ながら確認していきますが、その時出された点数について、憤ったり、不満に思ったりということはありませんでした。「抗議したところで判定は変わらない」と、あきらめに近い感覚を持っていたのだと思います。

旧採点方式も新採点方式も得点のあいまいさは同じ

全体の印象によって技術点、芸術点が付けられていた旧採点方式に比べ、ひとつひとつのエレメンツに得点が付く新採点方式のほうが、明確で公正に得点が付くだろうと思われる方もいるでしょう。しかし、旧採点方式も新採点方式も、あいまいさという点ではあまり変わっていないと私は思います。

新採点方式では、演技構成点（プログラムコンポーネンツ）ということで、スケーティング技術、技と技のつなぎ、曲の解釈《かいしゃく》……などが5項目、10点満点で評価されます。しかし、何をもって得点を決めているのか、明確ではありません。

技術点にしても、個々の技への加点（GOE）の付け方は、ジャッジによって異なります。ジャンプの回転不足なども、ジャッジは録画した映像で確認していますが、見る角度によっても、見え方が違ってきてしまうこともあります。

精一杯やればいい！

どんなに採点方式が変わっても、絶対や完璧《かんぺき》はない。それはフィギュアスケートが感性にかかわる採点競技である以上、避けられない宿命です。

選手は自分にできることを精一杯やって結果を待つだけ。3回転ジャンプが回転不足で2回転と判定されたなら、誰もが3回転と認めるようなジャンプを跳ぶしかない。悔しいと思うならそれは、ジャッジの判定に対してではなく、完璧に跳べなかった自分自身に対して向ける。10人のジャッジ全員に認められるような出来映えでなければいけない――そう考えて、私は試合に臨んでいました。実際、回転不足気味で降りてきてしまったジャンプは、選手本人が一番よくわかるものです。もちろん自分で感じた感覚とジャッジが下した判定が異なるということも、よくあることではありますが……。

ひとつひとつジャッジの判定に不満を抱いていては身が持ちません。ジャッジひとりひとりに聞いてまわるわけにはいかないですし、抗議して得点が変わるわけでもありません。結局、選手はジャッジに対して、いい意味で〝鈍感〟になること、気にしすぎないことが、一番良いのではないでしょうか。選手がジャッジに向かって「負けるもんかっ」といった挑発的な気持ちで演技すれば、それが自然とジャッジに伝わってしまいます。その結果、評価がマイナスになってしまったら、こんなにもったいないことはありません。それよりもジャッジを含め会場にいるお客様すべてを自分の演技の世界へ引き込み、味方になってくれるようにすることのほうが、フィギュアスケートにおいては重要だと思うのです。

人と争うスポーツではありません

むしろコーチのほうが、ジャッジに対して怒りをあらわにすることがあります。コーチは盾《たて》になって選手を守ってくれる存在です。また、コーチは選手と違って演技を見ていますから、判定については選手以上に、敏感になるのではないかと思います。

私は、そもそもフィギュアスケートというスポーツは、人と人が直接競うものではない、と思っています。ですから、人と比較してどうこうということはありません。「ほかの選手はセーフなのに、なんで自分だけがアウトなの」といったことも、考えません。

フィギュアスケートは、できたかできなかったかだけです。誰かを負かして勝ったとか、そういうことではないと思うのです。

ジャッジの評価やほかの選手の演技にまどわされず、いかに自分との戦いに集中できるか、それが大事なのではないでしょうか。

新採点方式なんでもQ&A

Q1

ジャンプの種類、見分け方について教えてください。

A

ジャンプは全部で6種類です。

ジャンプによって難易度が異なります。難しい順にアクセル⇩ルッツ⇩フリップ⇩ループ⇩サルコウ⇩トウループとなります。

実際に滑っている選手には、違いが簡単にわかるのですが、一瞬の出来事なので見分けるのは、難しいかもしれません。

まず、6種類の中で一番簡単に見分けられるのが、アクセルジャンプ。

他の5種類のジャンプがすべて後ろ向きに跳ぶのに対し、アクセルのみ前を向いて跳びます。着地はすべて後ろ向きなので、アクセルジャンプは、ほかのジャンプよりも0・5

回転多くまわることになります。

伊藤《いとう》みどりさんや浅田真央選手で有名なトリプルアクセルが3回転半と言われるのも、そのためです。

さらにジャンプには、トウ（つま先）系ジャンプとエッジ系ジャンプがあります。
○トウ系ジャンプ＝ルッツジャンプ、フリップジャンプ、トウループジャンプ
○エッジ系ジャンプ＝サルコウジャンプ、ループジャンプ、アクセルジャンプ
ルッツ、フリップなどのトウ系ジャンプでは、いずれもスケート靴のつま先を「ポン」とついて、ジャンプします。

それに対し、エッジ系ジャンプのサルコウやループでは、トウをつく動作はなく、スケートのエッジで踏み切り、カーブを使って跳びます。まずはトウをつくか、つかないかを見てみるとわかりやすいかもしれません。

それから最近、注目されることが多くなったルッツとフリップの見分け方を簡単に説明します。

ルッツとフリップの違いは、踏み切る際、エッジのアウトサイドに乗るか、インサイドに乗るかです。アウトサイドに乗るのがルッツ、インサイドに乗るのが、フリップジャンプになります。

また、演技の後半を過ぎると、ジャンプの得点は1・1倍に加算されます。スタミナとの勝負になりますが、多くの選手が加算を狙い、後半にも大技のジャンプを入れてきているので、それもまた大きな見どころです。

細かいジャンプの見分け方について書いてきましたが、ジャンプを見分けられるかどうかは、観戦するうえではそんなに重要ではないと私は考えています。ジャンプの種類がわからなくても、フィギュアスケートは十分、楽しめます。それよりも演技全体の構成や表現力、印象などを自分なりに感じて楽しむほうが、もっと面白い発見があるかもしれません。

トウ系ジャンプ

（スケート靴のつま先をついて踏み切るジャンプ）

フリップジャンプ

エッジのインサイドに乗って踏み切るジャンプ

ルッツジャンプ

エッジの
アウトサイドに乗って
踏み切るジャンプ

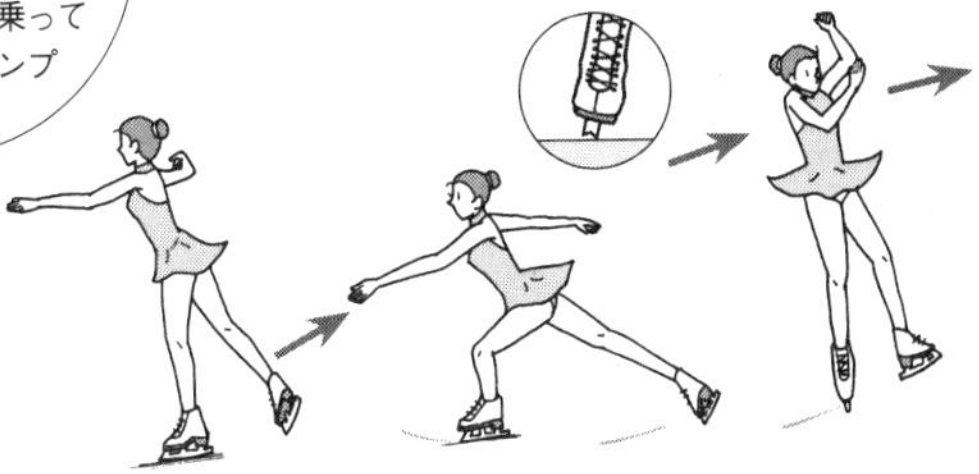

トウループジャンプ

右足のアウトサイドに乗り、
かつ左足のトウで
踏み切るジャンプ

エッジ系ジャンプ
（つま先はつかず、エッジで踏み切るジャンプ）

ループジャンプ

跳ぶ瞬間、
椅子に腰掛けたような
格好になるのが
特徴です

サルコウジャンプ

跳ぶ瞬間、
内股が
八の字になります

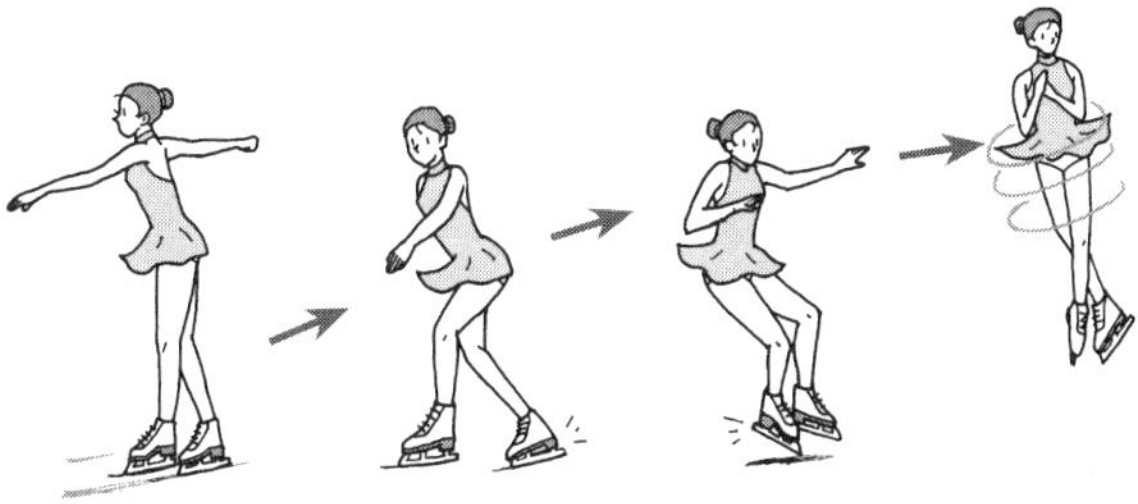

アクセルジャンプ

唯一
前を向いて踏み切る
ジャンプ

Q2

プログラムコンポーネンツって何ですか？評価の基準はあるのですか？

A

演技構成点のことです。

旧採点方式の芸術点（プレゼンテーション）にあたるものです。

演技構成点は5つの基準（ファイブコンポーネンツ）によって評価されます。

○スケート技術（Skating Skills）：全体的なスケーティングの質はどうか？

○要素のつなぎ（Transitions）：技と技の間のつなぎ、フットワークはどうか？

○演技力（Performance/Execution）：音楽や振り付けに合った演技をしているか？

○振り付け、構成（Choreography/Composition）：振り付けの意図を理解し、表現できているか？

○曲の解釈（Interpretation）：曲をきちんと解釈し、表現できているか？

しかし、あいまいな部分も多く、どうすれば得点に結びつくのか、よくわからない部分もあるかもしれません。それぞれの項目についても、明確な採点基準があるわけではないので、結局、ほとんどがジャッジの主観による判断になってしまうのも致し方ないところがあります。

これまでの点の出方を見ると、演技の技術点と比例して出てくることがほとんどです。ミスなく滑り、技術的に高い評価を得たプログラムは、全体の演技構成もスムーズにいっているのですから、高得点になるのは自然な流れです。

でも、ジャンプはことごとく失敗したけれど、非常に独創的《どくそうてき》な解釈でプログラムを演じ、誰も見たことのないような、印象深いプログラムを演じる選手が時々います。こういう選手はたとえ技術点が低くても、演技力や曲の解釈は高く評価されていいと思うのですが、実際にそういうことがあるかというと、残念ですが、なかなかありません。

このように、スケート技術、要素のつなぎなどはともかく、演技力や曲の解釈となると何が基準になっているのか、わかりにくい部分が残ります。

演技構成点は、経験を豊富《ほうふ》に積んでいる選手のほうが高い得点が得られます。ジュニアから上がってきたばかりの選手は、ジャンプを次々決め、技術点で高得点が得られても、演技構成点は低く抑えられるのが一般的です。

実戦経験《じっせんけいけん》を積むことによって、少しずつ伸びてくるのが演技構成点なので、コンスタントな成績をおさめることが大切になってきます。

逆にいつも演技構成点が高い経験ある選手が、ミスをして技術点で出遅れてしまっても、演技構成点までひどく落ちてしまうということはありません。

演技構成点のあいまいさは、旧採点方式でも、新採点方式でも、解決しきれない部分であるのは否めないことかもしれません。

Q3 3回転＋3回転の回転不足より、3回転＋2回転を無難に跳ぶほうが点数が良くなるというのはなぜですか？

A 3回転＋3回転の回転不足は、まわりすぎて不完全な3回転＋2回転、要するに失敗とみなされてしまうからです。

3回転＋3回転のコンビネーション（連続）ジャンプの場合、2回目に跳ぶ3回転ジャンプに回転不足を取られてしまいがちです。

3回転＋3回転の武器を持つ女子選手の多くが、それでとても苦労しています。

回転不足とはジャンプが空中でまわりきっておらず、不完全な形で着氷してしまった状態のことを言います。

誰の目にも明らかな回転不足もあれば、肉眼で見ただけではわからない回転不足もあります。

当然、ジャッジにもわかりづらい場面があるので、録画映像からジャンプがまわりきっているのか、回転不足なのかを判断するのです。
そして回転不足と判断されるかどうかで、点数に大きな開きが出てきてしまいます。
どれくらい差があるのか、具体的なケースを見てみましょう。
ジャンプは、難易度に合わせて、基礎点が付けられています。たとえば……

○3回転フリップ＋3回転ループが成功した場合
3回転フリップ（基礎点5・5点）＋3回転ループ（基礎点5・0点）＋GOE（加点0～3点）＝10・5～13・5点の得点が期待されます。
○3回転フリップ＋3回転ループで回転不足がとられた場合
3回転フリップ（基礎点5・5点）＋2回転ループにダウングレード（基礎点1・5点）－GOE（減点1～3点）＝6～4点の得点になってしまいます（回転不足の時は必ずGOEからも減点される）。
○最初から3回転＋2回転を跳んだ場合

3回転フリップ（基礎点5・5点）＋2回転ループ（基礎点1・5点）＋GOE（加点0〜3点）＝7〜10点の得点が期待されます。

この比較からもわかるように、3回転＋3回転で回転不足が取られた場合、3回転＋2回転を無難に跳んだ場合よりも、得点が低くなってしまうのです。

その理由は、3回転ジャンプが回転不足判定になった場合、①2回転ジャンプにダウングレードされて計算されるルール、②回転不足になった時は、必ずGOEからも減点しなければいけない、という二重の減点によって、点数が下がってしまうのです。

ジャンプの回転不足は、ここまで大きく点数に響いてしまうことが、おわかりいただけるかと思います。せっかく頑張って3回転＋3回転を跳んでも、得点に結びつかないうえ、3回転＋2回転より得点が下がってしまう。それなら3回転＋2回転を完璧に跳ぶほうがいいのではないかと考えるのは、自然なことかもしれません。

私もルールが改正されてからは、回転不足で厳しく減点されるようになってしまったので、調子に合わせて、3回転＋3回転を3回転＋2回転に切り替えて、跳んでいくことが多くありました。これも作戦のうち。実際、トリノオリンピックでは、3回転＋2回転を選択しました。

けれど、このルール、2009―2010年シーズンから変更されることが決まっています。3回転＋3回転を失敗した場合、3回転＋2回転の基礎点からさらに減点されていたものが、緩和《かんわ》されるのです。減点や加点は、ジャッジの裁量《さいりょう》にゆだねられることになるので、たとえ回転不足でも、美しいジャンプは加点される可能性も出てきました。回転不足になると基礎点が下がるうえに減点されるという二重苦から解放される意味はとても大きいと思います。

特に日本の女子選手は回転不足で苦労する場面が見られたこともあるので、このルール改正によって、思い切った挑戦ができるようになると、期待しています。

Q4 プラスが付く演技というのは、どこで見分ければいいのですか？

A これをやったから絶対プラスとは、なかなか言い切れません。

フィギュアスケートの新採点方式では、ジャンプ、スピン、ステップそれぞれの技の基礎点に加え、ジャッジがその出来映えについて加点もしくは減点するGOE評価があります。

GOEでは、0をベースとし、マイナス3からプラス3の7段階で評価され、その平均値が点数として加点（もしくは減点）されていきます。マイナスについては、ステップアウト（着氷でバランスを崩し、ポーズを取る間もなく回転方向へ次の足を踏み出してしまうこと）したジャンプや、回転不足のジャンプには、ジャッジはマイナスしか付けられないというルールがあります（回転不足に関しては2009―2010年シーズンから緩和される予定）。

このGOE、ジャッジの裁量にゆだねられることが多く、一部をのぞき、明確な基準が設《もう》けられていないものがほとんどです。

ジャッジが座っている角度によっても、見え方は大きく異なります。従って同じジャンプに対して、あるジャッジはプラス2を付けたけれど、あるジャッジはマイナス2を付けたということも十分ありえるのです。ですから、これをやったから絶対にプラスが付くと言い切ることは非常に難しいのです。

ジャッジは、録画した映像を見直すことができますが、短時間で採点しなければならないので、気になるところをすべて確認することは難しいと思われます。それでも各エレメンツに対してGOEを付けなければいけません。

私は、ジャッジが見逃した、あるいは回転不足や踏み切りのエッジのイン・アウトなど、肉眼だけでははっきりわからない程度のものに関しては、GOEを0にすべきだと思っています。

ただ、トップクラスの選手は、ほぼ安定してプラスの得点が得られる技を持っているものです。

たとえば、女子では、浅田真央選手のスパイラルシークエンスやストレートラインステップ、トリプルアクセルをはじめとするジャンプなどに加点されることが多いです。キム・ヨナ選手は、スピード感と流れがある3回転＋3回転ジャンプやスパイラルシークエンスに、安藤美姫《あんどうみき》選手は、力強いジャンプやストレートラインステップに、加点が付けられていますね。中野友加里《なかのゆかり》選手のドーナッツスピンも、必ずと言っていいほど加点が付けられる技のひとつです。

そうした技に注目してみるのも、フィギュアスケートの楽しみ方のひとつと言えるでしょう。

Q5 ジャンプの回転不足のほうが、ジャンプで転倒するより点が低くなる場合もある、というのは本当ですか？

A **転倒したジャンプの質によっては、そういうことも起こりえます。**

具体的に見てみましょう。同じ選手で比較したほうがわかりやすいので、キム・ヨナ選手の例を参考にしたいと思います。美しいジャンプを跳ぶことで知られるキム・ヨナ選手ですが、２００７―２００８年シーズンのグランプリシリーズ中国杯と世界選手権において、ショートプログラム内の同じルッツジャンプで、回転不足となったジャンプのほうが、転倒したジャンプより点数が低くなるというケースが起こっています。

○中国杯＝ショートプログラムの３回転ルッツジャンプで、肉眼ではきれいに跳んだように見えたけれども、回転不足と判定。

・３回転ルッツ→２回転ルッツ（基礎点１・９点）にダウングレード―ＧＯＥ（減点マイ

ナス0・42点）＝1・48点
○世界選手権＝ショートプログラムの3回転ルッツジャンプで転倒。しかし回転不足はなく、回り切っていたと判定。
・3回転ルッツ（基礎点6・0点）－GOE（減点マイナス3・0点）－1（転倒によるマイナス）＝2・0点

このように新採点方式では、転倒など明らかな失敗をしたジャンプでも、そのジャンプが完璧にまわり切っている場合、回転不足のジャンプより、高い得点が得られてしまうことがあるのです。転倒が誰の目にも明らかなのに対し、回転不足判定は非常に微妙で、肉眼では完璧な美しいジャンプに見えることも少なくありません。完璧に見えたのにどうして点数が伸びないのか、逆にジャンプを明らかに失敗したのに、さほど得点が引かれないのはなぜか、不思議に思われるかもしれませんが、これが新採点方式なのです。

Q6

ジャッジはある選手に甘く、ある選手に厳しいように見えます。ある選手の3回転＋3回転は、いつもとても高く評価されるのに、同じように跳べているように見える別の選手の3回転＋3回転が、逆にいつも回転不足と判定をされるので、納得がいきません。

A

ジャッジは基本的に公平です。でも人間ですから、100パーセント完璧とは言い切れません。

ジャッジも機械ではなく人間です。見落としてしまうこともありますし、選手の演技に対する好みなどは、人間は感性を持った生き物ですので、多少あるように思います。でも人が人を評価する以上、それは仕方のないことではないでしょうか。どの審判も認めさせるような、完璧な演技をしよう！　と努力しているのが選手なのです。

回転不足について言うなら、確かに回転不足を取られやすい選手もいます。過去に何度も回転不足判定を受けていると、「この選手は回転不足気味だ」という目で見られてしまい、厳しい判定になってしまうかもしれません。

逆にいつもクリーンに跳べている選手の場合、「いつも跳べているから」とさらっと流してしまうこともあるのではないでしょうか。

ジャンプの際のロングエッジ（Wrong Edge: 正しくないエッジ。エッジを、インサイドで踏み切るべきところをアウトサイドで、アウトサイドで踏み切るべきところをインサイドで踏み切ってしまうこと）でも同じことが言えます。ロングエッジが取られる選手は、その印象が強いため、細かくチェックされがちです。

ロングエッジも回転不足も、何度も取られると、選手は自信をなくしてしまうものです。必要以上に意識してしまって、これまでできていたことまでできなくなるという事態にもなりかねません。ロングエッジなどは、練習では矯正《きょうせい》できているのに、本番では元に戻ってしまう選手もいて、精神的に大きな負担になっていることは間違いないでしょう。

また、トリプルのコンビネーションジャンプの回転不足に関しては、回転不足を取られやすいジャンプの組み合わせというのがあります。それは、2つ目のジャンプでトリプルループジャンプを跳ぶ場合です。
サルコウジャンプやループジャンプなど、スケート靴のエッジ（P25図参照）で踏み切り、カーブを使って跳ぶエッジ系ジャンプは、より大きな遠心力がかかるので、特に2つ目に跳んだ時にまっすぐバシッと降りてくることは、なかなかないのです。カーブしながら降りてくるのが、一番きれいに見えるのですが、若干《じゃっかん》回転不足気味のほうが着氷しやすく、かと言って空中で無理に回転させると大きくバランスを崩してしまうことがあります。

回転不足を取られる選手は、コンビネーションジャンプのふたつ目にループジャンプを入れていたため、回転不足が取られやすくなってしまうのです。

一方で、2つ目のコンビネーションをトウループにする選手もいます。トウループはループジャンプに比べ、基礎点は低く抑《おさ》えられていますが、コンビネーションの2つ目としてしっかり跳べば、高得点をたたき出します。

降りてきた右足でそのまま2つ目のジャンプを跳ばなければいけないループジャンプに対し、トウループは、つま先でトウ（スケート靴のブレード（刃）の先端のギザギザの部分）をついて、しっかり跳び上がることができるジャンプです。1つ目のジャンプで多少バランスを崩しても、トウをつくまでに修正できる――よって回転不足もとられにくくなるわけです。

それならすべての選手が、2つ目のコンビネーションをトウループにすればいいと思われるかもしれませんが、得意なジャンプや組み合わせは、選手によって異なります。ある選手が、どんなに3回転＋3回転が得意だといっても、それはトリプルフリップ＋トリプルトウループの場合であって、他の組み合わせでうまく跳べるかといったら、それはわかりません。

ちなみに私は、コンビネーションの2つ目にはトウループを付けることが多かったのですが、それでも回転不足の判定にはいつも悩まされていました。

このように、選手は自分の得意、不得意、そのジャンプの持つ基礎点など、さまざまなことを加味《かみ》して、コンビネーションジャンプの組み合わせを考え、作戦を立てていきます。

Q7

ジャンプを跳びすぎると減点になるというのは、どういうことですか？跳べなくて減点ならともかく、跳んでなぜ減点になるのか、よくわかりません。

A

スケートのプログラム構成には、細かいルールが存在します。

フリースケーティングにおいて、**コンビネーションジャンプやシークエンス、同種のトリプル、クワドラプル（4回転）ジャンプの繰り返しにも制限があります。**

ジャンプのカウントを間違えて、繰り返せるジャンプの種類をオーバーした場合、最後にオーバーしたジャンプの得点がまったくカウントされないという結果になってしまいます。

単にコンビネーションジャンプが少なくなる分には問題ないのですが、多くなると引っかかりやすくなります。

なぜなら、**3回転以上のジャンプで同じ種類のものを跳ぶ場合、どちらかひとつをコン**

ビネーションもしくはシークエンス（コンビネーションは、ジャンプを着氷した足で、ステップやターンをせずに再び次のジャンプを連続して飛ぶこと。シークエンスは、ジャンプを着氷した後に、ステップやターンを挟み再び次のジャンプを連続して飛ぶこと）にしなければならない、というルールもあるからです。

3回転以上の同種のジャンプを、1回目と2回目両方ともに単独ジャンプで跳んでしまった場合、2回目のジャンプは自動的にシークエンスをやったことと見なされ、得点も0・8倍に減点されてしまいます。

このジャンプ構成について例を挙げて見てみましょう。

4T＋3T　1回目のコンビネーション
3A
3S＋3T　2回目のコンビネーション
3A（＋SEQ）　2回目のトリプルアクセルなので、単独ではなく、コンビネーション

かシークエンスにしなければならなかったのに、単独で跳んでしまった場合、そこで自動的に3回目のシークエンスとしてカウントされる

3Lo

3F＋2T＋2Lo　4回目のコンビネーション→無効（0点）

3Lz

2A

（T＝トウループ、A＝アクセル、S＝サルコウ、Lo＝ループ、F＝フリップ、Lz＝ルッツ、SEQ＝シークエンス）

フリースケーティングでのコンビネーションジャンプ・ジャンプシークエンスは、あわせて3回まで。4回目以降は、自動的に無効、0点になります。この場合は、3F＋2F＋2Loのコンビネーションジャンプがノーカウントとなるため、それだけで、10点以上、損をしてしまいます。

意外にややこしいことが、おわかりいただけることと思います。

選手がこのようなミスをしてしまうのは、実際に4回転ジャンプが跳べた場合が多いように思います。跳べることはいいことなのに、何を言っているんだと思われるかもしれません。でも、私にも経験があるのですが、本番で、難しいジャンプが予想以上の出来で決まると、逆に慌ててしまうものなのです。

つまり、このようにあまりにスムーズに4回転が跳べると、とっさに3回転ジャンプを付けてしまい、それが後の3F＋2T＋2Loの無効の原因を作ってしまうのです。

予定していた構成をジャンプの出来、不出来によって変えていくというのは、簡単なようで実はとても難しいことです。

私も以前、失敗したトリプルジャンプを途中で構成を変えて修正しようとしたのですが、計算を間違えてしまい、ノーカウントになってしまったことがありました。こういう失敗は誰にでも起こりえます。

ルールが複雑化していく中では、状況に応じてジャンプ構成を変えていくこともまた、作戦のひとつになるかと思います。

最初の4回転が成功し、その後に3回転をコンビネーションで付けられた時は、次の予定していたコンビネーションをやめて単独ジャンプにする……そういった、いくつかのパターンをイメージして練習すると、いざという時失敗せずにすむのではないでしょうか。

第2章

Lesson Ⅱ

女子
シングル選手

女子シングルは2強を中心に展開

～タイプの違う浅田真央選手とキム・ヨナ選手。安定した安藤選手にも期待です～

女子フィギュアは、2008年世界チャンピオンの浅田真央選手、2009年世界チャンピオンのキム・ヨナ選手、このふたりの対決が注目されるでしょう。

年齢も実力も生まれた国も、すべてが近いふたりは、これまでたびたび〝ライバル〟として注目を浴びてきました。

トリプルアクセルなど、ほかの女子選手が持ち得ない、高難度な技を持つ「技術」の浅田選手に対し、卓越した表現力を持つ「芸術」のキム・ヨナ選手。

ふたりの個性がまるで違うことも、見る者にとって大きな魅力になっています。一方で、まったく違うタイプのふたりを比較するのは、非常に難しいことでもあります。ふたりの実力は伯仲していますから、どちらが勝ってもおかしくない。まして魔物《まもの》が住むと言われるオリンピック、誰がメダルを手にするのか、最後の瞬間までわかりません。

安定感の増した日本の安藤美姫選手も、ふたりの間に割って入る可能性が高いでしょう。ほかにも、母国開催で勢いに乗るカナダのジョアニー・ロシェット選手や、ヨーロッパチャンピオンにもなったイタリアのカロリーナ・コストナー選手、そして着実に実力をつけてきた、日本の中野友加里選手なども、メダル獲得の期待がかかります。

さらに2006年トリノオリンピック以来、4年ぶりの復帰となるアメリカのサーシャ・コーエン選手や2009年世界選手権で5位に入った17歳のレイチェル・フラット選手、2009年世界ジュニア優勝で勢いをつけたロシアのアレーナ・レオノワ選手なども、上位に食い込んでくる可能性があります。

勝ち負けが注目されることは仕方ありませんが、私は、ひとりひとりの選手の個性を生かした演技を味わうのも楽しみ方のひとつだと思いますし、すべての選手がそれまで積み上げてきたものを十分発揮できるよう、祈っています。

浅田真央

Mao Asada

金メダル獲得へ

国籍＝日本。１９９０年９月生まれ。愛知県出身。身長１６３㎝。２００５年グランプリファイナル優勝。２００７年世界選手権２位。２００８年世界選手権優勝。２００８年グランプリファイナル優勝。中京大学所属。コーチはタチアナ・タラソワ。パーソナルベストは２０１・８７（２００９年国別対抗戦）。

「真」の天才少女

フィギュアスケートの世界には、子どものころから〝天才少女〟と言われる選手がいます。難しいジャンプを軽々と跳び、将来を期待されます。けれど、体の成長にともない、伸び悩んでしまう選手がいることもまた事実です。身長が伸び、体型が変わることで、ジャンプのタイミングが合わなくなり、簡単に跳べていたジャンプが跳べなくなってしまうからです。

浅田真央選手も例外ではありません。ここ数年で身長がぐっと伸び、ジャンプのタイミングを修正する必要が出てきました。しかし、彼女がほかの選手と違ってすごいところは、そのたびに自分の体に合った動きやタイミングを、瞬く間に習得してしまうところです。修正にかかる時間がずば抜けて短いため、体を成長させながら、技術も成長させていくことができる——まさに真の天才少女しか持ち得ない、才能です。

努力にまさる天才はなし

浅田選手は練習量でもずば抜けています。リンクで氷に乗っている時間は誰よりも長いのではないかと思うくらい、練習熱心です。

繰り返し繰り返し練習し、動きを体に覚えさせれば、本番でどんなに緊張しても、体が自然に動くもの。浅田選手は子どものころからそうやってスケートと向き合ってきたのです。

タチアナ・タラソワコーチに師事してから最初に迎えた試合、思うような結果が出せなかった浅田選手に対して、短期集中型のロシア式の練習が、浅田選手に合っていないのではないかといった報道がありました。

しかし、私はそうは思いません。フィギュアスケートには、年齢や成長に応じた練習法があります。子どもの時は、動きを体に覚え込ませるためにも、練習量は重要なのですが、大人になるにつれて、疲労回復に時間もかかるようになりますし、何よりも本番に近い環境で練習することが大切になってきます。

フィギュアスケートは4分間に集中して、力を出し切らなければならないスポーツ。4分間に自分の体と集中力をマックスに持っていくためにも、本番に近い緊張感で練習を行うことは重要になってきます。タチアナはそれをよく考慮し、私の時にも短期集中型の練習を行うことを大切にしていました。

浅田選手も最初こそ戸惑いはあったかもしれませんが、今は成長にともなった練習環境の下、力を伸ばしています。

「竹とんぼ」のようなジャンプ

トリプルアクセルや3回転＋3回転など、浅田選手がジャンプを得意にしていることは、皆さんご存じのとおりです。

浅田選手のジャンプはとにかく軸がきれいで、跳んだ時の空中姿勢が美しく、まったく無駄がありません。軸が細く、まっすぐなため、高く跳べ、しっかり回転し、きれいな放物線を描いて降りてくることができるのです。その姿は「竹とんぼ」をイメージすると、わかりやすいかもしれません。そんなお手本のような美しい浅田選手のジャンプには、加点が付けられることも納得です。

そんな浅田選手ですが、ルッツの矯正を始めたころから、ショートプログラムに不安をかかえることがありました。そこで浅田選手は、2008―2009年シーズンの終盤、ショートプログラムに新しくトリプルアクセルを取り入れるという秘策に出たのです。

3回転ジャンプに不安があるなら、難易度を落としたジャンプを選択するというのが、一般的なところを、レベルを上げて不安を回避する……まさに天才・浅田選手でなければできない方法で、ショートプログラムでの不安を軽減しました。

トリプルアクセルを取り入れたことで、全体のプログラム構成もレベルを上げることができますから、まさに一挙両得な作戦だと思います。

逆境に負けない強さ

浅田選手はショートプログラムでミスがあったとしても、力強いフリープログラムで怒濤《どとう》の追い上げを果たすことが多くありました。

10点程度の差であれば、時に大逆転を実現できるのは、浅田選手が実力に加え、メンタル面の強さも兼ね備えているからにほかなりません。

彼女のメンタル面の強さを実感したのは、2008年の世界選手権のフリープログラムでした。ショートプログラムで2位につけていた浅田選手は優勝の期待がかかるフリープログラム冒頭のトリプルアクセルで激しく転倒してしまいました。勝負の鍵を握る大きなジャンプで転んで、動揺しない選手はいないと思うのですが、浅田選手は、その後一切ミスすることなく完璧に滑り続け、優勝したのです。

誰もが緊張するオリンピックの舞台では、精神的な強さが重要です。何があっても演技に没頭《ぼっとう》できる集中力と逆境に負けないメンタル面の強さは、浅田選手にとって大きな力になるに違いありません。

表現力も世界随一

浅田選手の魅力はジャンプだけではありません。

体の柔軟性を生かしたスピンやスパイラルは、ひとつひとつのポジションがとても丁寧で美しく、非常に高い得点になります。また激しさと華やかさを増したストレートラインステップも大きな見どころのひとつ。浅田選手は技術力に注目されがちですが、表現力や演技力でも、世界随一の実力を持っているのです。

金メダルに向けて、持っている力を十分に発揮し、悔いのないオリンピックシーズンを過ごしてほしいと願っています。

キム・ヨナ

天性の表現力

国籍＝韓国。１９９０年９月生まれ。身長 １６４㎝。２００６年、２００７年グランプリファイナル優勝。２００７年、２００８年世界選手権３位。２００９年世界選手権優勝。コーチはブライアン・オーサー。パーソナルベストは２０７・７１（２００９年世界選手権）。

正確無比な３回転＋３回転

「表現力」や「芸術性」のキム・ヨナと言われることが多いですが、技術力もずば抜けたものを持っている選手です。

キム・ヨナ選手の一番の武器は、ショートプログラム、フリープログラムの冒頭で跳ぶ３回転＋３回転のジャンプ。

テレビ画面ではわかりにくいと思うのですが、キム・ヨナ選手はものすごいスピードで滑り、そのスピードをまったく落とさず、正確で美しいジャンプを跳びます。あれだけのスピードでジャンプに入ったら、タイミングが合わずうまく跳べなくなりそうなものですが、キム・ヨナ選手は完璧に跳ぶことができる。さらに跳んだ後の流れも非常にスムーズなことも高く評価されています。

ほかにも、3回転＋3回転を跳ぶ女子選手はいますが、スピードと高さと安定感では、キム・ヨナ選手は随一と言えるでしょう。

またキム・ヨナ選手は、フリップやルッツなどのジャンプを正確に跳び分けることができる数少ない選手でもあります。トリプルアクセルや4回転ジャンプなど、目立った大技はないけれど、ひとつひとつのジャンプを正確に決めることができるのも、キム・ヨナ選手の強みです。

ずば抜けた表現力

キム・ヨナ選手は、たぐいまれな表現力を持っていることでも有名です。

少女のような可憐な表情から、ドキッとする妖艶《ようえん》な表情、険しい表情、憂いをおびた表情、柔らかい女性らしい表情まで、4分間の間でコロコロと表情を変えていき、見ている者を魅了します。ちょっとした手の動きや背中の動きからでも、独特の雰囲気を醸《かも》し出すことができる、数少ない選手です。

こうした豊かな表情は、誰かから教わってできるものではありません。彼女の表現力はまさに天性のもの、生まれながらに持った感性も大きく影響しているのではないでしょうか。

表情だけでなく、技と技のつなぎが非常にスムーズなことも、キム・ヨナ選手がプログラムコンポーネンツ（演技構成点）で高得点をたたき出す理由になっています。

ジャンプの前後でスピードが落ちることがなく、流れが非常にスムーズだと言いましたが、ジャンプ以外でも、スピン、ステップ、スパイラルとひとつひとつ確実で流れるような演技が最後まで続いていくのです。

演技があまりにスムーズなのでわかりにくいのですが、ステップにしても、スピンにしても、キム・ヨナ選手はかなり難しい技をこなしています。しかし、難しいことをいともも簡単にやり通してしまうので、難しいことをやっているという印象を与えない……これらはジャッジに高く評価される点ではないでしょうか。

またキム・ヨナ選手は、緩急《かんきゅう》をつけるのが、非常に上手な選手です。高速で滑り切る部分とゆっくり表現する部分、セクシーな表情とあどけない少女のような表情、激しいステップと静けさにつつまれた踊りなど、多彩な表現が、プログラム全体の完成度を高め、それが評価につながっているのでしょう。

ショートプログラムの強さ

特にキム・ヨナ選手の2008―2009年シーズンのショートプログラム「死の舞踏《ぶとう》」の演技は、素晴しいものでした。曲と振り付け、衣裳、表現、すべてがキム・ヨナ選手に合っていて、語り継がれるような名プログラムだったと思います。

キム・ヨナ選手は、ショートプログラムで完璧な演技をして点差を広げ、逃げ切って優勝……というパターンが多いので、オリンピックシーズンでも特にショートプログラムには力を入れてくるでしょう。

彼女の唯一の不安材料を挙げるなら、フリープログラムを完璧に滑り切ったことがここのところないということだと思います。2009年、世界選手権で優勝した時も、後半のサルコウがシングルになるミスをしています。

それでもほかの要素で高得点を稼ぐことで勝ててしまうのが、キム・ヨナ選手の強さとも言えます。

ジャンプを踏み切った瞬間、危ないと思ったら、シングルでもいいから、ちゃんと着氷するほうが、転倒したりするよりはマイナスが少なくてすむ、と判断しているからです。こうした、いざという時、ミスを最小限にとどめる力を持っていることもまた強さの秘密。

2009年の世界選手権を優勝で飾ったキム・ヨナ選手に対する韓国の人々の期待は、計り知れないほど大きなものがあります。オリンピックでは、そのプレッシャーに負けず、自分の力を出し切って、彼女らしい滑りをしてほしいと思います。

安藤美姫

2強を追う一番手

国籍＝日本。1987年12月生まれ。愛知県出身。身長162㎝。2004年世界ジュニア選手権優勝。2007年世界選手権優勝。2009年世界選手権3位。トヨタ自動車所属。コーチはニコライ・モロゾフ。パーソナルベストは195・09（2007年世界選手権）。

メンタル面の成長

2007年世界選手権優勝という実績を持ちながら、安定感に欠けることが多かった安藤美姫選手。

彼女は非常に繊細な感覚の持ち主で、ちょっとした気持ちの揺れや心の動きが、演技に反映されるタイプでした。

彼女の心情と演技がピッタリ重なると、情熱的で忘れがたいような素晴らしい演技が引き出されますが、気持ちが合わないと、集中力を欠いた演技になってしまうのが残念でした。そんな彼女でしたが、20歳を過ぎたころから、メンタル面が非常に安定してきました。

自分の感情をオブラートにくるみ、それを演技を通してうまく表現できているように見受けられます。

彼女の成長は、2009年の世界選手権3位という結果にもよく表れています。ショートプログラムを4位で折り返した安藤選手は、フリープログラムでもミスのない確実な演技を披露。情熱をうちに秘めた大人の演技は高く評価され、銅メダルを獲得しました。

モロゾフコーチとの出会い

安藤選手の成長は、ニコライ・モロゾフコーチとの出会いを抜きには語れません。

ニコライは、安藤選手の女性らしさを引き出したプログラム構成や、情熱的なストレートラインステップなど、彼女の潜在能力を生かしただけでなく、精神的な安定感を与えられる存在でもあります。安藤選手の内面もよく理解していて、非常にうまくコントロールしています。彼女もニコライには絶対の信頼を置き、心を開いていることが、最近の安定した演技にもつながっているように思います。

いくら技術を教えることがうまいコーチでも、信頼関係がなければ、選手の力を引き出すことはできないと思います。

ここ数年、安藤選手は表現力の点でも大きく成長してきました。単に与えられた振り付けをこなすのではなく、内面からわき上がってくる感情を演技にうまく乗せられるようになったことが、彼女独特の表現につながっているのでしょう。

ステップも、以前は足さばきがゆるくなってしまうところがありましたが、最近は足首がしっかり動き、エッジも深く入っています。その結果、音をひとつひとつ表現するような、正確で繊細なステップをこなせるようになりました。またスパイラルなどの細かい動きでも、小さな得点を積み重ねていくことができるようになってきました。

安藤選手は、ハードな動きを次々にこなしながら、時折、ハッとさせるようなタメを作るのが、非常にうまい選手です。技と技のつなぎもスムーズになり、最近では、プログラムコンポーネンツ（演技構成点）でも、高得点を得られるようになりました。

2度目のオリンピックに向かって

4回転を跳ばなかったとしても、十分オリンピックのメダルに食い込むことができる安藤選手。4回転に挑み続けることを、「危険な賭け」と感じる人もいるかもしれませんが、彼女にとって、新ルールでの公式戦で4回転を跳び、記録されることが大きな目標であり、スケートを続けていくうえでのモチベーションになっているのではないでしょうか。

これからも、コーチと相談しながらではあると思いますが、彼女の4回転へのチャレンジは続いていくのではないかと期待したいところです。

安藤選手は、表彰台に近い位置にいる選手のひとりだと思います。本来の力を出し切れば、メダルは確実に見えてくるはず。2006年のトリノオリンピックでの経験を生かし、ぜひ自分の演技に集中して頑張ってほしいと思います。

中野友加里

Yukari Nakano

鉄壁のショート

国籍＝日本。1985年8月生まれ。愛知県出身。身長156㎝。2006年グランプリファイナル3位。2007年世界選手権5位、2008年世界選手権4位。プリンスホテル所属。コーチは佐藤信夫・佐藤久美子。パーソナルベストは、177・40（2008年世界選手権）。

ドーナッツスピンだけじゃない

2009年こそ、世界選手権への出場を逃してしまいましたが、いつも安定した力を持ち、コンスタントな活躍が期待できる中野友加里選手。2007年世界選手権5位、2008年4位と着実に力をつけてきています。

ひとつひとつの技をきっちり決めていく中野選手は、ショートプログラムにも定評があり、1位でフリーへ進むといったこともありました。

基礎からしっかり指導する佐藤信夫・佐藤久美子コーチの門下生だけあって、基本に忠実な美しいスケーティング、スピンには定評があります。

得意のドーナツスピンだけでなく、ほかのスピンでもレベル4をそろえる実力をつけてきました。

またジャンプも、トリプルアクセルを持っていて、フリープログラムの冒頭に積極的に取り入れています。このジャンプがうまくいくと、その後の流れがスムーズになり、中野選手の気持ちも乗ってきますので、ぜひきれいに決めてほしいですね。

ここ数年取り組んできたトレーニングの成果のためか、中野選手はフリーの後半でも確実に技をこなしていくスタミナがあります。フリープログラムの後半では疲れからスピードが落ちてしまったり、細かなミスをする選手が多いのですが、中野選手がバテてしまうところはほとんど見たことがありません。最後の最後のスピンまで全力で滑り切ることができる――それもまた中野選手の大きな力だと思っています。

磨きをかけてきた表現力

また、技術面の進歩に加え、ここ数年、中野選手は表現力にも磨きをかけてきました。

以前は、ただ振り付けをこなしている、という印象でしたが、今は振り付けを完全に自分のものとして消化し、中野選手独自の表現ができるようになりました。

柔和な笑顔、かわいらしい笑顔、妖艶な笑顔……と笑顔ひとつとってもさまざまな表情のバリエーションを持つようになりました。音楽に合わせて変わっていく、中野選手の豊かな表情にも注目です。プログラムコンポーネンツ（演技構成点）でも高い得点を出せるようになったのも、中野選手の表現力が円熟した結果と言えると思います。

中野選手は体のバランスが非常にいいので、あまり小柄に見えないのですが、身長は156センチ。でも、体がコンパクトなほうがジャンプやスピンをする際、安定感がありますし、小回りが利きますから、不利になるということはないのです。

2009―2010年シーズンのフリープログラム「火の鳥」では持ち前のスタイルを生かし、スパッツスタイルのデザインの衣裳で登場。新たな魅力を発揮しています。

ジョアニー・ロシェット

Joannie Rochette

地元待望の実力者

国籍＝カナダ。１９８６年１月生まれ。身長１５７㎝。２００６年トリノオリンピック５位。２００８年グランプリシリーズカナダ杯１位、フランス杯１位。２００９年世界選手権２位。コーチはマノン・ペロン、ナタリー・マーチン。パーソナルベストは１９１・２９（２００９年世界選手権）。

ここ数年で大成長

母国カナダで開催されるバンクーバーオリンピックが近づくにつれ、メキメキと実力をつけてきたカナダのジョアニー・ロシェット選手。

２００６年トリノオリンピック５位と、もともと実力のある選手ですが、２００８―２００９年シーズンでは、グランプリシリーズカナダ杯１位、フランス杯でも１位と力を伸ばし、世界選手権では銀メダルを獲得しました。

以前からスケーティングには定評のある選手でしたが、持ち前の力強いスケーティングに加え、ここ数年で表現力にもグッと磨きがかかってきています。

特に2008―2009年シーズンからは、元アイスダンスのシェイ＝リーン・ボーンに振り付けを依頼。ショートプログラムでは、ロシェット選手の魅力が前面に出された、繊細で女性らしい演技が高く評価されました。

総合力のロシェット

ロシェット選手は3回転＋3回転を持っていますが、試合では着実な3回転＋2回転を跳んでいます。

トリプルアクセル等の大技を取り入れているわけでもないのですが、ここ1年ほど、確実に表彰台に上がってくるのは、総合力が優れている結果からでしょう。

スピンやステップなどの細かい技でレベル4をそろえ、点数を確実に積み重ね、上位に食い込んでくる。そういった力を十分に持っています。

特に繊細かつ力強いステップは、非常に評価が高く、技と技のつなぎが滑《なめ》らかなのも、ロシェット選手の強みです。

またスケーティングが非常に美しいのも、スケート王国、カナダの選手ならではといえます。

プレッシャーに打ち勝って

そしていよいよ、自国カナダでバンクーバーオリンピックが開催されます。

2009年世界選手権で2位という見事な成績をおさめた彼女には、地元の期待が大きくかかってくるでしょう。

それを生かすも殺すも彼女次第です。大きなプレッシャーに負けてしまうのか、地元の熱い声援を味方につけ、力を出し切るのか——。ほかの選手以上に、メンタル面でのコントロールは重要になってくると思います。

ぜひプレッシャーに負けず、ホームであることを生かして、実力を出し切ってもらいたいです。

カロリーナ・コストナー

Carolina Kostner

ヨーロッパ期待の星

国籍＝イタリア。1987年2月生まれ。身長169㎝。2005年世界選手権3位。2006年トリノオリンピック9位。2008年世界選手権2位。2007年、2008年ヨーロッパ選手権優勝。コーチはミヒャエル・フース。パーソナルベストは184・68（2008年世界選手権）。

メンタル面の弱さが課題

ジャンプ、ステップ、スピンとスケートの技術には何の問題もないのですが、メンタル面の安定感を欠き、せっかくのチャンスをものにできないことが多い、カロリーナ・コストナー選手。

2008年世界選手権2位、2007年、2008年ヨーロッパチャンピオンと華々しい成績を残しながら、2009年世界選手権では、大崩れして12位。2005年世界選手権3位で迎えた2006年のトリノオリンピックでは9位。地元開催というプレッシャーに押しつぶされてしまったのかもしれません。

メンタル面さえコントロールできるようになれば、確実に飛躍することは間違いない選手です。

女子選手随一のスピード

コストナー選手の魅力のひとつは、3回転＋3回転のジャンプ。ものすごいスピードで滑ってくるので、高さと飛距離が出るダイナミックなジャンプになり、見ていて壮快です。跳ぶ前と跳んだ後のスピードが変わらないので、ランディング（着氷）後の流れも非常にスムーズで高い得点につながります。

しかし、スピードが速い分、軸がぶれやすく、それが失敗につながってしまうことも少なくありません。

身長169センチ、かつ手足も長く、長身で細身の体型を存分に生かしたスピンやステップも大きな見どころ。特にステップは、女子選手の中でも非常にうまく、バランス感覚に優れ、左右のターンもとても美しい。体を縦に横に大きく使ったステップは迫力満点。音楽を細かく聞き分けて、繊細で華麗なステップを踏んでいきます。

全体のスケーティングも非常に美しく、テレビ画面では確認しづらいのですが、スケーティングのスピードが非常に速いのも特徴です。女子選手の中では随一のスピードだと思います。

トリノの雪辱を

まずは冒頭の3回転＋3回転ジャンプを確実に決め、いい流れに乗って最後まで滑り切ってくれることを願っています。

有力選手が少ないヨーロッパ勢の中で、メダル獲得に向け、大きな期待がかかるコストナー選手。トリノでプレッシャーに負けてしまった経験を生かし、バンクーバーオリンピックではうまく自分をコントロールすることができれば、表彰台は見えてくるはずです。

その他の女子有力選手

～復活組から新星まで～

帰ってきたサーシャ

女子フィギュアにはほかにも、注目選手が大勢います。まずは、2005―2006年シーズン以来の復帰となるアメリカの**サーシャ・コーエン選手**。2006年トリノオリンピック2位、2004年、2005年世界選手権2位の実力者です。トリノオリンピック後、試合から遠ざかっていましたが、アイスショーに積極的に出場し、持ち前の表現力にさらに磨きをかけてきました。体が非常に柔らかく、180度開脚するスパイラルステップシークエンスやバレエジャンプなど、彼女にしかできない見せどころがいっぱいある選手です。キム・ヨナ選手とはまた違った表現力と芸術性を持っているコーエン選手。彼女のような〝魅せるスケーター〟が戻ってきてくれるのは、とても嬉しいです。

ただ、4年ぶりの競技復帰なので、今のルールにどれだけ対応していけるのかという心配はあるかもしれません。ショーでは難易度の高いジャンプはあまり跳んでいませんでした。フリップとルッツのロングエッジも気になります。こうした不安要素をカバーできれば、メダル争いに絡んでくる可能性は十分あるのではないでしょうか。

アメリカ勢はほかに、2006年世界選手権優勝の**キミー・マイズナー選手**、2009年世界選手権5位で安定した実力を持つ、**レイチェル・フラット選手**、ビールマンスピンの美しさは世界一と言われる**アリッサ・シズニー選手**、2008年全米選手権優勝の**長洲《ながす》未来《みらい》選手**、高い柔軟性を持ったスピンやスパイラルが魅力の**キャロライン・ジャン選手**など、若手実力派が大勢います。2枠しかないアメリカのオリンピック代表枠を一体誰が獲得するのか、全米選手権からも目が離せません。

熾烈《しれつ》な日本の代表争い

熾烈な代表争いが予想されるのは、日本も同じです。

２００８年の全日本選手権で4位と代表に一歩及ばなかった**鈴木明子《すずきあきこ》選手**は、初めてのオリンピック出場へ期待がかかります。中野友加里選手らとともに将来を期待された選手でしたが、第一線から姿を消していました。２００７—２００８年シーズンから少しずつ復帰し、２００８—２００９年シーズンでは、グランプリシリーズＮＨＫ杯2位と完全復活を印象づけました。

彼女の魅力はたぐいまれな表現力。人を射るような情熱的なまなざしと独創性溢《あふ》れる表現力で、見る者をとりこにする力があります。また全身を使ったストレートラインステップは、エッジが深く、バランスに優れ、日本の女子選手の中で一番と言ってもいいでしょう。鈴木選手の演技からは、リンクに立てる喜び、スケートができる喜びが伝わってきます。２００８—２００９年シーズンでは、「ここぞ！」と狙った時にちょっとしたミスをすることが多かったのですが、オリンピックシーズンは、悔いを残さぬよう、安定した力を発揮できるように頑張ってほしいと思っています。

そして、２００９年世界選手権代表に返り咲いた**村主章枝《すぐりふみえ》選手**。村主選手は、ここぞという時の勝負強さを持っています。トリノオリンピック以後も、新しいことを精力的に吸収しているようですから、オリンピックシーズンでの演技が楽しみです。

若手と実力派が入り交じるヨーロッパ勢

アジア、アメリカ勢に圧倒されがちなヨーロッパ勢にも、実力ある選手はいます。

スイスの**サラ・マイヤー選手**は、スケーティング技術、スピン、ステップとすべてにおいて美しく、ジャッジの評価が非常に高い選手です。2007年、2008年ヨーロッパ選手権2位の実力者ですが、2008―2009年シーズンはケガのため、試合に出場できない日々が続きました。しかし2009年世界選手権では、痛みを押して出場し、9位に入り、スイスのオリンピック出場枠を確保しました。体調が万全でない中、その時自分が出せる最大限の力を出すということは、重要なことだと思います。オリンピックシーズンはケガを克服し、本来の彼女の滑りができるよう、願っています。

ヨーロッパ勢ではほかにも、3回転+3回転を持つ、フィンランドの**ラウラ・レピスト**

選手がいます。この3回転＋3回転が決まると、ショートプログラムで上位につけることもあります。滑る姿勢が非常に美しく、全体のプログラムをきれいにまとめる力にも優れているため、プログラムコンポーネンツ（演技構成点）でも高い評価が得られます。

２００９年ヨーロッパ選手権では、カロリーナ・コストナー選手を上回って優勝しました。ほかにも3回転＋3回転を持つ選手としては、グルジアの**エレーネ・ゲデヴァニシビリ選手**がいます。最年少の16歳で出場したトリノオリンピックでは、ショートプログラムで6位につけ、最終グループで演技するという鮮烈なデビューを果たしました。その後、母国の政情不安から不振が続いていましたが、昨年から徐々に復調してきているようです。

若手では、２００９年世界ジュニアで優勝したロシアの**アレーナ・レオノワ選手**も期待できる選手のひとりです。２００９年世界ジュニアでは、弾けるような笑顔とガッツポーズで観客を魅了しました。バンクーバーの次のソチオリンピックに向けて、ロシア期待の星であることは間違いないでしょう。若手と実力派が台頭するフィギュアスケート女子シングル。メダル争い以外にも、見どころはたくさんありそうです。

第3章

Lesson Ⅲ

男子
シングル選手

混戦《こんせん》模様の男子フィギュア

～誰が勝っても不思議はありません。世紀に残る試合を見逃さないで～

男子フィギュアスケートの勢力図《せいりょくず》は、トリノオリンピック後の4年間で大きく変わりました。それはここ数年の世界チャンピオンを見ても明らかではないでしょうか。2006年ランビエール、2007年ジュベール、2008年バトル、2009年ライザチェック。一体誰がオリンピック、フリープログラムの最終組6人に残れるのか？　まったく予想がつきません。

日本からは、ケガから復帰したエース髙橋大輔選手。1年のブランクの後、見事な復活を遂げた織田信成選手、そして2008―2009年シーズン、エース髙橋不在の中、大きな飛躍を遂げた小塚崇彦《こづかたかひこ》選手。いずれも十分メダルを狙える実力を持っています。

北米勢では、2009年悲願の世界チャンピオンとなったアメリカのエバァン・ライザチェックや2008年グランプリファイナル優勝者のジェレミー・アボット。地元カナダからは、成長著《いちじる》しい10代のパトリック・チャンもメダル圏内《けんない》です。

ヨーロッパ勢も負けてはいません。ここ4年間、世界選手権で表彰台を逃したことがないフランスのブライアン・ジュベールや2008年ヨーロッパ選手権優勝のチェコのトマシュ・ベルネル。

さらにロシアからは、2006年トリノオリンピック金メダリスト、エフゲニー・プルシェンコが4年ぶりに復帰。スイスからも一度現役を退いたステファン・ランビエールがオリンピックの舞台に戻ってきます。

絶対王者がいない分、誰もがメダルを取る可能性がある。そういう意味ではまさにメンタル勝負になるでしょう。闘争心《とうそうしん》は重要ですが、上位を狙いすぎるとプレッシャーに押しつぶされてしまう。どうやって自分をコントロールし、持っている力を出し切るか、まったく目が離せない、歴史に残る試合になると思います。

髙橋大輔

Daisuke Takahashi

復活したエース

国籍＝日本。１９８６年３月生まれ。岡山県出身。身長１６５㎝。２００６年トリノオリンピック男子シングル日本代表。２００６年、２００７年ともにグランプリファイナル２位。２００７年世界選手権２位。関西大学所属。コーチは長光歌子。パーソナルベストは、２６４・４１（２００８年四大陸選手権）。

ケガに苦しんだ２００８―２００９年シーズン

２００８年の四大陸選手権で、歴代男子最高記録という高得点をたたき出した髙橋大輔選手。

バンクーバーオリンピックの金メダル有力候補として注目を浴び、日本男子選手の中でも、頭ひとつ抜け出た実力の持ち主として誰もが認める存在になっていた矢先、右足膝《みぎあしひざ》の前十字靭帯断裂《ぜんじゅうじじんたいだんれつ》と半月板《はんげつばん》を損傷《そんしょう》という大ケガに見舞われてしまいました。

手術とリハビリで２００８―２００９年を棒に振らざるを得ませんでしたが、２００８―２００９年シーズンは、完全復帰に向け、とても良いスタートを見せています。

半年近く、まったく氷に乗れなかったことは、肉体的にも、精神的にもとても大きなブランクになってしまうものです。ジャンプが跳べなくなってしまったり、以前の実力の半分も出せなくなっても、不思議ではありません。元の状態に戻るには、休んだ期間より長い時間がかかるという選手がいるくらいです。

しかし、髙橋選手は、スケートに対する感覚が抜群に良い選手で、予想をはるかに超える勢いで回復に向かっています。その回復ぶりは私も驚いたほど。このまま順調にトレーニングを積んでいけば、肉体面は問題なく回復すると思います。

ケガから復帰する際、大きなポイントになってくるのは、むしろメンタル面です。試合では独特の緊張感があります。慣れてしまえば、緊張をうまくコントロールできるのですが、1年以上、試合に出ていないとその緊張感やプレッシャーに押しつぶされそうになるのです。

そうならないためにも、オリンピック本番までにできるだけ多くの実戦を積むことが重要になってきます。

「ガラスのハート」克服の秘策

かつて髙橋選手は、非常にメンタル面が弱く、「ガラスのハート」と言われていました。実力はあるのに、本番で力が発揮できない……しかしそんな彼はトリノオリンピック後、メキメキと頭角を現し、各大会で表彰台の常連となり、誰もが認める日本のエースにまで成長しました。

彼をここまで育てたのは、数多くの実戦経験。さまざまな試合を積み重ねることで、試合独特の緊張感やプレッシャー、メンタル面の弱さを克服し、どんな場面でも安定した力を発揮できるようになったのです。

また、髙橋選手は、試合だけでなく、アイスショーで試合のプログラムを披露することによって、経験を重ねてきました。アイスショーは試合ではありませんが、やはり大勢のお客様の前で滑って、生の反応を感じることは、スケーターにとって大きな財産になるものです。

何よりも早い時期からプログラムを滑り込み、体に覚え込ませることによって、試合でも自然に体が動くようにすることが大切です。

髙橋選手はここ数年、その年に滑る予定のショートプログラムをシーズン開幕前に、アイスショーでお披露目しています。ショートプログラムを早い段階から滑り込むようになって以来、彼のショートプログラムでのミスはグッと減ったように思います。

華麗なるステップ

髙橋選手の魅力は、何と言ってもステップ。どうしてあんなに複雑で豪快《ごうかい》なステップが踏めるのか？　その秘密は彼の卓越《たくえつ》したバランス感覚にあります。

ステップでは、右ターン、左ターンと両足でターンをしなければならないのですが、どうしても利き足のほうが滑りやすく、均等にターンを踏むのは簡単なことではありません。

しかし髙橋選手は、生まれ持ったバランス感覚で、まるで両利きのように、左右のターンを美しく描くことができるのです。

ステップを見る時、上半身の派手な動きに惑わされがちですが、ステップの善し悪しは、いかに深く正確なエッジをバランスよく刻めるかにかかってきます。上半身や手をどんなに激しく動かしていても、エッジが浅かったり、足首でコントロールできていなかったりすると高いレベルの得点にはつながりません。髙橋選手はバランス、エッジワーク、正確さとすべてがそろったステップができるため、高く評価されるのです。

2007―2008年シーズンのショートプログラムでは、ヒップホップを使ったショートプログラム「白鳥の湖」が話題になりましたが、ほかの誰もが真似できない独特のステップワークは、基本のステップがしっかりできている髙橋選手だからこそ、なせる技です。

天性のダンサー

髙橋選手は、音楽の解釈でも優れた才能を発揮する選手です。『オペラ座の怪人』『ロクサーヌのタンゴ』『白鳥の湖　ヒップホップバージョン』、ラフマニノフの『ピアノ協奏曲第2番』、ビョークの『バチェラレット』など、クラシック、タンゴ、ヒップホップまで、彼の過去のプログラムは実に多彩です。スケーターでなかったらダンサーになっていたのでは？　というくらいダンス好きでリズミカルな髙橋選手。どんなジャンルの曲も滑りこなし、彼独特の解釈で自分のモノにしてしまう彼はまさに〝天才肌〟。振付師の意図を超えて、〝髙橋大輔の色〟に染めることができるのです。

私がまだアマチュア選手だったころ、髙橋選手と一緒にタチアナ・タラソワコーチの下で練習していたことがありました。タチアナは、どんなに難しく、踊りにくいプログラムを与えても、すぐに自分のものにして滑りこなしてしまう髙橋選手の才能に舌を巻いていました。もっと難しいもの、もっと複雑で高度な振り付けを与えるのですが、彼はそれを次々にマスターしてしまう……タチアナはその才能に惚れ込んでいたに違いありません。

ワンシーズンのブランクを経ての試合復帰は、並大抵のことではありません。オリンピックに向けて、プレッシャーも大きいことでしょう。ケガでスケートができなかった苦しさをバネに、ぜひオリンピックでは実力を出し切ってほしい。悲願のメダルが取れることを祈っています。

織田信成

Nobunari Oda

新たな武器は4回転

国籍＝日本。1987年3月生まれ。大阪府出身。身長165㎝。2005年世界ジュニア選手権優勝。2005年グランプリシリーズNHK杯優勝。2006年四大陸選手権優勝。2008年グランプリシリーズNHK杯優勝。2009年世界選手権7位。関西大学所属。コーチはニコライ・モロゾフ、織田憲子。パーソナルベストは、244・56（2006年グランプリシリーズNHK杯）。

ブランクからの完全復帰

約1年のブランクを経て、復帰した2008―2009年シーズンでしたが、非常に好調なスタートを切ったと思います。試合に出られない間、自分と向き合うことで、本当に大切なものが見えてきたのではないでしょうか。スケートを滑ることの喜びや楽しさが、強く感じられる試合が多かったですね。

休んでいた次のシーズンは、大きなプレッシャーがかかるものです。ジャッジもブランクのあったスケーターに対しては、「どれくらい元の実力が戻っているのか？」と注目します。しかし、彼はそうしたプレッシャーをはねのけ、復帰第1戦から素晴らしい演技をしました。この1年で、精神的にも大きく成長したのではないでしょうか。

大きな目標として、練習を重ねてきた4回転ジャンプも、シーズン締めくくりの世界選手権で成功させることができました。バンクーバーオリンピックに向けて、非常に良いスタートが切れたと思います。

ジャンプの質が高い選手

織田選手は、ジャンプ、スピン、ステップなどの安定した技術に加え、曲を表現する力も十分に兼ね備えた選手です。

特に彼のジャンプ、その中でもランディングの美しさは広く知られています。ジャンプでは、加点（GOE）をもらうことが多いのも織田選手の特徴です。ジャンプランディングが美しいので、その後の演技の流れが途切れず、全体としての印象が非常に良くなるのです。

その美しさの秘密は、織田選手の柔軟な膝の動きにあります。彼は膝が非常に柔らかいので、ジャンプの衝撃《しょうげき》を和らげることで、ランディングの美しいジャンプをすることができます。

ジャンプの着氷が安定して乱れないことで、もうひとつコンビネーションジャンプを付ける時も、とても有利になってきます。最初のジャンプが不安定だと、転びやすかったり、コンビネーションジャンプが乱れてしまうことにもなりかねません。

またジャンプ後の動きもスムーズなので、流れるようなスケーティングが可能になります。実際、織田選手のプログラムコンポーネンツのトランジションは高く評価されています。

個性を生かしたプログラムに期待

ただひとつ、ジャンプのミスカウントには気をつけてほしい‼

スケートでは、プログラム中に跳べるジャンプの数や組み合わせが決められているのですが、彼はそれを数え間違えてしまい、せっかく跳んだジャンプがノーカウントに終わるということが、過去に何回かありました。ジャンプひとつがノーカウントになるだけで、10点近く損してしまいます。それだけで順位は大きく違ってきます。オリンピックの舞台では0・01点でも順位が替わるようなことも起こり得ます。

ニコライ・モロゾフコーチについてからは、上半身を大きく使えるようになるなど、表現力にもますます磨きがかかってきました。プログラムはクラシックからポップスのスタンダードナンバーまで、幅広《はばひろ》くこなします。

私は織田選手にはコミカルな演技もとても合っていると思うので、そういった彼の個性やキャラクターを生かしたプログラムを期待しています。次はどんなプログラムで滑るのか、楽しみな選手のひとりです。

男子必須と言われる4回転も跳べるようになってきたという意味でも、オリンピックメダルに非常に近いところにいる男子選手のひとり。バンクーバーでの活躍を大いに期待しています。

小塚崇彦

Takahiko Kozuka

日本期待の新星

国籍＝日本。1989年2月生まれ。愛知県出身。身長170㎝。2005年ジュニアグランプリファイナル優勝。2006年世界ジュニア選手権優勝。2008年グランプリファイナル2位。2008年世界選手権8位。中京大学スケート部・トヨタ自動車所属。コーチは佐藤信夫・佐藤久美子。パーソナルベストは、230・78（2008年グランプリフランス杯）。

男子3枠確保に貢献

彼もかつては「ガラスのハート」を持った男と言われるくらいメンタルが弱く、安定感を欠くことが多い選手でした。

しかし、2008年、世界選手権に初出場し、8位入賞を果たしてからは、どんどん力をつけていき、2008―2009年シーズンでは、グランプリシリーズのアメリカ大会優勝、フランス大会2位と好成績をマーク。日本男子でただひとりグランプリファイナルに出場し、銀メダルを獲得しました。

2009年の世界選手権では絶好調とは言わないまでも、安定した演技を見せて6位入賞。オリンピック男子3枠確保に大きく貢献しました。髙橋大輔選手がケガで不在の中、本当によく頑張ったなと思います。

この1年で、日本の男子スケート界に欠かせない存在として大きく成長しました。

基本に忠実な美しいスケート

小塚選手の一番の魅力は、スケーティングの質が非常に高いことです。

小塚選手は、お祖父様《じい》が、旧満州のフィギュアスケートチャンピオン、お父様が1986年グルノーブルオリンピック男子シングル日本代表、お母様も叔母様もフィギュアスケート選手という家系に生まれました。

幼いころから氷の上に乗り、遊びの中でスケートを覚えた小塚選手のスケーティングが美しいのは、当然のことかもしれませんね。

かつてはお父様の小塚嗣彦《こづかつぐひこ》コーチに習っていましたが、今は佐藤信夫・佐藤久美子コーチから指導を受けています。スケートの基礎をしっかり教える佐藤コーチについていることが、さらに小塚選手のスケーティングの美しさを際だたせているのでしょう。

滑らかなスケーティングに加え、エッジを深く使ったステップ、正確なスピン、伸びのあるジャンプも魅力です。基本に忠実で美しい彼の演技は、ジャッジから評価も高く、スケーティング技術やトランジションなど、評価が出にくい項目でも高得点が出されています。

2008―2009年シーズンは、1試合ずつコンスタントな成績を残し、評価を積み上げた結果ファイブコンポーネンツでも高い評価を得られるようになってきました。

4回転成功が鍵

ここ数年、4回転ジャンプにも果敢《かかん》にチャレンジしている小塚選手ですが、試合での成功はまだありません。男子は高得点をたたき出す4回転ジャンプを持っているかどうかが、勝敗の鍵になる場合も少なくないので、ぜひ頑張って成功させてほしいですね。

小塚選手とは、練習などで一緒になることがあるのですが、彼は本当に運動神経がいいんです。どんなスポーツでも少しかじれば、すぐにできるようになってしまう。運動神経は、日本の男子フィギュアスケート選手の中でピカイチではないでしょうか?

彼はクラシック、映画音楽、ポップスとさまざまなジャンルの曲を器用《きよう》に踊りこなします。中でも2008—2009年シーズンには、スケート音楽の王道とも言える『ロミオとジュリエット』を選び、印象深いロミオを演じました。

華やかな衣裳が多い中、小塚選手は単色の上着にパンツという非常にシンプルな衣裳だったことがあります。これは、振り付けを担当した佐藤有香《さとうゆか》さんが足下のスケーティングをより際だたせるため考えた、秘策だったそうです。

バンクーバーオリンピックに向けて、ますますの飛躍が期待できる小塚選手。4回転が確実に決まるようになれば、表彰台も夢ではありません。

出場できれば、小塚選手自身初めてのオリンピックになります。とにかく気負わず、楽しみながら、持っている力を出し切ってもらいたいですね。

エバン・ライザチェック

Evan Lysacek

2009年
チャンピオン

国籍＝アメリカ。1985年6月生まれ。身長188㎝。2006年トリノオリンピック4位。2007年四大陸選手権優勝。2009年世界選手権優勝。コーチはフランク・キャロル。パーソナルベストは、242・23（2009年世界選手権）。

長身を生かしたダイナミックな演技

2009年、地元ロサンゼルスで行われた世界選手権で、悲願の世界チャンピオンに輝いたエバン・ライザチェック選手。

これまではショートプログラムでミスし、フリープログラムで追い上げるといったパターンが多く、優勝までは届かない……ということがありましたが、2008―2009年シーズンで大きく成長し、ショートとフリーをコンスタントにこなせるようになってきました。2009年の世界選手権では、ショートで2位、フリーでも崩れることなく優勝。地元のプレッシャーに押しつぶされることなく、会心の演技を行いました。彼のメンタル面での成長ぶりをよく表した試合だったと思います。

2008―2009年シーズンはタチアナ・タラソワに振り付けを依頼。タチアナはライザチェック選手のこれまでのイメージを覆《くつがえ》す振り付けで新境地を開いて見せました。

188センチと長身の彼は、そのことに大きなコンプレックスを感じていたと聞きます。長身だと安定感が悪く、小回りが利かないことが多いのです。

しかしタチアナは「その長身こそ武器になる」とアドバイス。彼の長身を生かしたプログラムを作りました。ライザチェック選手は長い手足を存分に生かしたダイナミックな演技を披露し、頂点に立ったのです。

彼はまた軸が良く、流れのある美しいジャンプを跳びます。4回転も得意としていますが、トリプルアクセルで回転不足を取られることが多いので、その点をオリンピックまでには修正してくるのではないでしょうか。

技術力、表現力に加え、メンタル面も充実してきたライザチェック選手。バンクーバーオリンピックの金メダル、最有力候補のひとりであることは間違いありません。

ブライアン・ジュベール

Brian Joubert

4回転の申し子

国籍＝フランス。1984年9月生まれ。身長179㎝。2006年トリノオリンピック6位。2006年グランプリファイナル優勝。2007年世界選手権優勝。コーチはローラン・ドプイ。パーソナルベストは、240・85（2007年世界選手権）。

力強い4回転ジャンプが魅力

ジュベール選手の代名詞は何と言っても4回転ジャンプ。非常に成功率の高い、4回転トウループ、4回転サルコウを持ち、ショートプログラムから果敢に跳んでくることでも知られています。

4回転がきれいに決まれば、非常に高い点数をたたき出すという意味で、ジュベール選手は、オリンピック金メダルの有力候補のひとりと言えるでしょう。

世界選手権東京大会で優勝した2006―2007年シーズンは、出場した大会すべて優勝という快挙を成し遂げますが、その後、2008年、2009年の世界選手権は惜しいところで優勝を逃しています。

２００８年の世界選手権では、混戦が続く中、得意の4回転サルコウを回避し、ミスなく無難にまとめました。彼の優勝が決まったかに見えたのですが、ジュベール選手に続く最終滑走者のジェフリー・バトル選手が、スピン、ステップなど、すべてのエレメンツにおいて点数を積み重ね、総合得点でジュベール選手を上回り、優勝しました。

その翌年、２００９年の世界選手権でも、4回転ジャンプを1つ外し、確実性の高いトリプルジャンプに替えたにもかかわらず、転倒してしまったため、結局3位という成績に終わっています。

このところせっかく取ったはずの安全策が裏目に出てしまうことが多いジュベール選手。私はやはり彼には守りに入らず、果敢に攻めてほしいと思います。彼はここぞという時にパワーを発揮できる選手。攻めの姿勢で望む時のほうが、断然強いはずです。

バンクーバーオリンピックでは、彼の力強い滑りをぜひ見せてほしいです。

パトリック・チャン

Patrick Chan

カナダの新星

国籍＝カナダ。１９９０年12月生まれ。身長１７１㎝。２００８年グランプリシリーズフランス杯優勝、グランプリシリーズカナダ杯優勝。２００９年世界選手権２位。２００９年四大陸選手権優勝。コーチはドン・ロウズ。パーソナルベストは、２４９・１９（２００９年四大陸選手権）。

流麗なスケーティングが魅力

彼はスケーティングの質が非常に高い選手。ジャンプも美しく、跳んだ後の動きもスムーズで、演技全体の流れもとてもいい。ファイブコンポーネンツが非常に高い選手です。彼も小塚選手同様、幼いころから、基礎をしっかり身につけてきました。

これには、チャン選手が子どものころから師事してきたオズボーン・コルソンコーチ（２００６年没、90歳）の影響が少なくありません。チャン選手は孫と祖父以上に年が離れたコーチからスケーティングの基礎をしっかり習いました。こうした積み重ねが、彼の基礎に忠実で流れるように美しいスケーティングの源になっているのでしょう。ジャッジが、彼のスケーティングに高い得点を付けるのもうなずけます。彼の唯一の欠点は、若さゆえ、安定感を欠いてしまうことにあります。２００８年グランプリシリーズでは、フランス杯、カナダ杯と優勝しますが、締めくくりのグランプリファイナルでは5位。こうしたブレがコントロールできるようになれば、さらに大きく飛躍するのではないでしょうか。

２００９年、世界選手権で2位になったことで、オリンピック開催国・カナダではチャン選手への期待が非常に高まっています。元世界王者ジェフリー・バトル引退後に現れた新星として、チャン選手が注目されればされるほど、プレッシャーもまた大きくのしかかってくるものです。その重圧に押しつぶされることなく、初めてのオリンピックを楽しむことができれば、結果もまたついてくるでしょう。

4回転ジャンプは今まで跳んでいませんが、今後、身につけてくる可能性は十分あります。彼はまだ10代。ソチオリンピックも十分狙える位置にいます。伸びしろはたっぷりあるので、周囲の雑音に惑わされず、ゆっくり、しっかり技術を積み上げていってほしいと思います。

ステファン・ランビエール

Stephane Lambiel

氷上の芸術家

国籍＝スイス。１９８５年４月生まれ。身長１７７㎝。２００６年トリノオリンピック銀メダル。２００５年、２００６年世界選手権優勝。２００５年、２００７年グランプリファイナル優勝。コーチはヴィクトール・ペトレンコ。パーソナルベストは、２３９・１０（２００７年グランプリファイナル）。

オリンピックに向け、現役復帰を宣言

スケートを〝芸術〟の域にまで高めたステファン・ランビエール選手。彼の母国のスイスではスケートは、スポーツではなく、オペラやクラシックのように〝芸術〟として考えられているのだそうです。

ランビエール選手は、２００７—２００８年シーズンを最後に引退を表明。その後、アイスショーに活動の場を移し、活躍していましたが、２００９年７月、復帰を宣言しました。

彼の突然の復帰には、若手が育たず、オリンピック代表枠を確保できなかったスイスのお国事情もあったのかもしれません。ランビエール選手は引退後のアイスショーでも、４

回転ジャンプを含む、高度な技を披露しているので、技術面においては、復帰に何の問題もないと思います。速く正確で美しいスピン、エッジが深く、情熱的なステップ、力強い4回転ジャンプとどの技をとっても卓越しています。

ひとつだけ気がかりなのは、彼のオリンピック出場に対するモチベーションです。ランビエール選手は、世界選手権で2度の優勝経験を持ち、トリノオリンピックでも銀メダルを獲得しています。「もう十分戦い切った」という実感があって引退を決めたのなら、再び現役に戻って試合で戦うモチベーションを持ちづらいのでは？　と思うのです。

そういった意味では、バンクーバーオリンピックへのモチベーションの持っていき方が重要になってくるのではないでしょうか。

フラメンコやタンゴなど、情熱的で躍動感溢れる踊りを表現するのが得意なランビエール選手。あの芸術的な踊りをオリンピックの舞台で見ることができるかと思うと胸が高鳴ります。ランビエール選手ならではのプログラムを見せてほしいですね。

その他の男子有力選手

～前金メダリストも復活！～

4年ぶりに復帰のプルシェンコ

混戦模様の男子は、ほかにも注目選手が大勢います。

まずは、ロシアの**エフゲニー・プルシェンコ選手**。言わずと知れた2006年トリノオリンピックの金メダリスト。2位と大きく差をつけ優勝した〝絶対王者〟プルシェンコですが、トリノ後は、アイスショーを中心に活動し、実戦からは遠ざかっていました。そんな彼が、4年ぶりに試合への復帰を発表。若い世代がほとんど育っていないロシアで、彼がバンクーバーオリンピックの代表になることはほぼ確実でしょう。

しかし、彼が試合から遠ざかっていた間にルールも採点基準も変わってきています。何より、試合の感覚を取り戻すことは、絶対王者プルシェンコといえどもたやすいことではないかもしれません。どこまで新しいルールに対応できるか、そして実戦の勘が戻るかが、復帰の鍵になってくると思います。

プルシェンコ選手は、メンタル面も非常に強い選手です。長年、国際舞台で戦うことによって培《つちか》われた強さと揺るぎない自信が彼の大きな武器になることは間違いありません。

チェコの**トマシュ・ベルネル選手**も注目です。4回転ジャンプをフリープログラムで2回組み込むことができる実力の持ち主。スピン、ステップでも高い技術を持ち、滑らかなスケーティングと持ち前の表現力で見る者を引きつけます。抜群の実力を持っているベルネル選手ですが、国際舞台ではなかなかメダルに届かないのがとても残念です。

2008年の世界選手権では、ショートプログラム4位で折り返したものの、フリープログラム20位と大崩れしてしまい、15位にまで順位を落としました。射程《しゃてい》圏内にあったことで、力が入りすぎてしまい、コントロールを失ってしまったのでしょう。力のある選手ですから、メンタル面さえ鍛えられれば、上位に食い込むはずです。

国籍を変えた途端《とたん》に活躍

ほかにヨーロッパ勢での注目は、イタリアの**サミュエル・コンテスティ選手**。元はフランスの選手ですが、2007―2008年シーズンから国籍を変え、イタリアから出場しています。2009年のヨーロッパ選手権2位、続く世界選手権では5位入賞を果たしました。フランス時代は有力選手ぞろいの国内代表争いで敗れることが多く、国際試合にはなかなか出場できなかったコンテスティ選手。最近の活躍には目を見張るものがあります。

彼の一番の魅力は個性的な表現力。曲の解釈も独創的で観客を引き込む力を持っています。2009年世界選手権フリープログラムでは、最終グループで演技しましたが、あの張り詰めた緊張感の中、観客の笑いをさそったコミカルな演技は印象深いものでした。

代表争いも注目のアメリカ男子

実力者ぞろいのアメリカ男子では、熾烈な国内での代表争いが予想されます。

2009年世界チャンピオンのエヴァン・ライザチェック選手と1位争いを続けてきた**ジョニー・ウィアー選手**。2004～2006年まで全米選手権を3連覇、2008年世界選手権では、3位に入る実力者です。卓越した表現力で定評のあるウィアー選手ですが、コーチをロシアのガリーナ・ズミエフスカヤに替えてからは、ジャンプの確実性も増し、表現力にもさらに磨きがかかっています。

2009年は全米選手権5位で惜しくも世界選手権代表を逃してしまいましたが、オリンピック出場に向けて雪辱を果たしにくるでしょう。

ジェレミー・アボット選手も、ここ1、2年で大きく成長してきました。特に2008―2009年シーズンの飛躍は著しく、グランプリファイナル優勝。全米選手権では、ライザチェック、ウィアーをくだして優勝を果たしました。

しかし、続く世界選手権ではふるわず11位。4回転ジャンプを持ち、表現力もある選手ですので、安定感と自信さえついてくれれば、さらに上を狙えるはずです。

ほかにも力強いスケーティングが魅力の**ライアン・ブラッドレイ選手**、若手では、

２００８、２００９年と世界ジュニア選手権で史上初の２連覇を達成した**アダム・リッポン選手**や２００７年世界ジュニア優勝の**スティーブン・キャリエール選手**もいます。

誰がバンクーバーオリンピックの出場権を獲得するのか、その過程を見ていくのもまた、見どころになるのではないでしょうか。

若手注目株

若手では、カザフスタンの新星**デニス・テン選手**にも注目です。タチアナ・タラソワコーチの秘蔵っ子で、２００９年の世界選手権では、わずか15歳で8位入賞の快挙。

そして忘れてはならないのが、日本の若手有望株の**無良崇人《むらたかひと》選手**。２００８年全日本選手権では、エース高橋不在のなか、３位に入り、世界選手権へ初出場を果たしました。

彼の持ち味はスピード感と迫力溢れるジャンプと演技。特にトリプルアクセルを得意としています。さらに表現力とスケーティングに磨きをかければ、どんどん上位を狙えるようになるはず。大いに期待がかかる選手のひとりです。

第4章

Lesson Ⅳ

コーチ

コーチは選手にとって非常に大きな存在です

感性豊かなタラソワコーチ

私はこれまで、長久保裕《ながくぼひろし》コーチ、佐藤久美子《さとうくみこ》コーチ、染谷慎二《そめやしんじ》コーチ、佐野稔《さのみのる》コーチ、リチャード・キャラハンコーチ、佐藤有香コーチ、阿部奈々美《あべななみ》コーチ、タチアナ・タラソワコーチ、ニコライ・モロゾフコーチから指導を受けてきました。

練習から試合まで、ずっと側で見守ってくれているコーチの存在は、選手にとって非常に大きいものです。2004年、世界選手権で優勝に導いてくれたタチアナ・タラソワコーチ、そして2006年、トリノオリンピックで金メダルを取った時、一緒に戦ってくれたニコライ・モロゾフコーチは、私のスケート人生において、新しい発見と大きな影響を与えてくれたコーチです。

タチアナの指導を受けるようになったのは、2004年3月からのこと。タチアナは実に感性豊かなコーチで、曲の表現の仕方など、彼女からは本当に多くのことを学びました。2004年の世界選手権優勝は、タチアナの存在なしには語れません。

そして2005―2006年のオリンピックシーズン、私はこのシーズン限りで引退しようと心に決めていたので、最後までタチアナについていくつもりでいました。しかしこの年、タチアナは体調が優れないことや、突然の予定変更などもあり、思ったように練習の時間をともにすることができませんでした。一時は、それで焦りを覚えたこともあります。でも、今振り返ると、慌てていた自分を、若かったなあと思います（笑）。タチアナは感性で生きるタイプの人。ひとつひとつの行動に、理由や理屈はない。でもだからこそ、感性を生かした素晴らしいコーチングや振り付けができるのだと思います。

ただ、タチアナの指導による私の演技は、新採点方式に対応しきれていないのではないかと、少し心配でした。2005―2006年のオリンピックシーズン、トリノオリンピックで勝つには、新採点方式を攻略するしかないと思った私は、タチアナに相談しながら、スピンやステップで最高難度のレベル4が取れるように改良し、細かい点数を積み重ねていこうと考えていました。改良したスピンやステップが、レベル4として認定されるかどうかは、実戦でジャッジの判断が出るまでわかりません。新しいコンビネーションスピン（スピンの組み合わせ）を持って、グランプリシリーズ中国杯、フランス杯に挑みましたが、どちらも3位。フランス杯では、コンビネーションスピンはレベル4認定を得ましたが、ほかのステップやスパイラルなどのエレメンツでは、得点が伸び悩みました。

ニコライ・モロゾフへのコーチ変更

トリノオリンピックへの代表選考には、グランプリシリーズでの成績も重要視されます。グランプリシリーズの上位選手で争われるグランプリファイナルに出場できないことがわかった時、私は最後の賭けに出るしかないと思ったのです。

トリノオリンピックへ行くには、12月末に行われる全日本選手権で好成績を残すしかない。そのためには、得点が伸ばせる可能性のあるステップ、スパイラルで確実にレベル4が取れるような構成にする必要があったのです。

その時、私の頭に、振り付けを依頼したことがあるニコライ・モロゾフコーチのことが浮かびました。ステップなどの動きをその場で見せながら指導しているニコライの下でなら、短期間でステップやスパイラルを改良できるのではないかと、直感したのです。

ちょうどニコライがNHK杯のため、来日するということで、私は大阪へ向かいました。プログラム構成を見せるとニコライは「(得点を) 取りこぼしているところがまだたくさんある。すぐに始めなければ」と言いました。私はタチアナにつきながら、ニコライに少しだけ力を貸してもらうつもりでいましたが、タチアナに相談したところ、「彼とは拠点も違うこともあり、一緒にはできない」という見解でした。私は悩み、タチアナと何度も話し合いましたが、彼女は「後悔しないように、あなたの思うようにしなさい」と言ってくれました。

全日本〜トリノオリンピックへ

そして全日本選手権まで数週間、ニコライとの練習が始まりました。時間と場所が限られる中、グランプリファイナルが行われている代々木の東京体育館でも練習をしました。試合が終わる夜の11時ごろから、明け方まで——。

トリノオリンピックに行くために、自分が出ていなければならなかったグランプリファイナルの試合会場に行き、頭を下げて練習させてもらうことは、私にとって、とても辛いことでした。試合の余韻が残るリンクで、私を見かけた人から「どうしてこの人がここにいるの?」という目で見られている気がして……。なんでこんな辛い思いをしなければならないのか——それまで勝ち負けにこだわったことがなかった私でしたが、この時、24歳にして初めて「絶対にオリンピックへ行きたい」という強い気持ちが芽生えたように思います。そうして、ニコライと細かい改良を重ねたステップや岡崎真さんにアドバイスを頂いたスパイラルを初めて試す、全日本選手権がやってきました。実戦で試す場所はもうここしかなかったのです。

緊迫した雰囲気が漂っていましたが、私の気持ちはとてもすっきりしていました。選手が一線に並んで試合をする全日本選手権は、オリンピック代表を決めるのに、最も公平な場所です。ここでダメならスッパリあきらめられる、そう思いました。

ショートプログラムで1位につけましたが、フリープログラムでは、あれも試そうこれも試そうと考えていたら、ジャンプでミスをして順位を落としてしまいました。

それでも、スピンやスパイラルはレベル4が取れていました。そして総合ポイント3位でトリノオリンピックへ出場することが決まったのです。

正直、オリンピックへ出場するまでの道のりがあまりに大変だったので、オリンピックでは何も考えず、「無」になって臨むことができました。今も、そこまで導いてくれたタチアナとニコライには、感謝の気持ちでいっぱいです。あの1年の苦労がなかったら、きっとオリンピックでの結果はなかったに違いありません。

タチアナ・タラソワ

Tatiana Tarasova

チャンピオン・メーカー

国籍＝ロシア。1947年2月生まれ。旧ソビエト連邦の女子選手、ペア選手として活躍。男子シングルではイリヤ・クーリック、アレクセイ・ヤグディン、女子シングルでは荒川静香、ペアではイリーナ・ロドニナ&アレクサンドル・ザイツェフ、アイスダンスでは、パーシャ・グリシュク&エフゲニー・プラトフ、ナタリア・ベステミアノワ&アンドレイ・ブキン、マリナ・クリモワ&セルゲイ・ポノマレンコ、バーバラ・フーザルポリ&マウリツィオ・マルガリオを世界チャンピオンに導いた実績がある。2008―2009年シーズンから浅田真央選手のコーチをつとめている。

感性の人

数々のオリンピック・チャンピオンを育ててきたことで知られるタチアナ・タラソワコーチ。男子シングル金メダリストのイリヤ・クーリック選手、アレクセイ・ヤグディン選手らもタチアナの教え子です。

現在では、浅田真央選手のコーチ兼振付師として、日本でもおなじみの人物です。

彼女は感性が非常に豊かで、曲の解釈なども独創的です。モロゾフコーチのように、滑りながら教えるということはせず、ひとつひとつ言葉で説明しながら指導していきます。

今はアシスタントコーチがついて、タチアナの動きを伝えるので、選手は感覚がつかみやすいと思いますが、私が習っていた時、2年目からはアシスタントコーチがいなかったので、自分でアシスタント役もやっていました。

練習では「こんな感じですか?」と滑って「ノーノー、そうじゃない」と指摘されるといったやりとりが延々と続きます。うまく伝わらないとお互い感情と感情のぶつかり合いになり、なかなか前へ進めない……そういったこともありました。

でもそれは、タチアナがほかの誰とも違う、独特の感性で指導する唯一無二のコーチだったからです。そして、私を上達させたいと、誰よりも強く思っていてくれたから——。そんなタチアナに、私は今でも心から感謝しています。

勝負への執念

タチアナは勝負に対して、非常に強い執念を持っているコーチでもあります。

私は人と競争して勝ち負けを競うことが苦手で、勝負に対して一歩引いてしまうことがあったので、そういった点でもタチアナと組んだことはとても良かったと思っています。

彼女がすごいのは、オリンピックという目標に向けて、毎年毎年、課題を与え、乗り越えさせていくことです。浅田真央選手に対しても、その年優勝するためだけのプログラムではなく、先に控えたオリンピックで勝つためのプログラムを作ってきました。

２００８―２００９年シーズンでは、浅田選手が苦手な3回転サルコウジャンプをプログラムに取り入れ、そのうえあえて難易度の高いステップを組み込むなどして、新たな挑戦をうながしました。オリンピックで最後に勝つための戦略を何年もかけて練っていくのが、タチアナ流です。そうした、勝負に対して執念とも言える強い気持ちを持っていることが、タチアナの勝負強さであり、チャンピオン・メーカーと呼ばれるゆえんだと私は思っています。浅田真央選手も、タチアナについてから表現力やステップなどで、さらに磨きがかかってきました。バンクーバーオリンピックで、タチアナと浅田選手の壮大な目標が達成されることを願っています。

ニコライ・モロゾフ

Nikolai Morozov

熱意あふれる指導者

国籍＝ベラルーシ。1975年12月生まれ。ベラルーシ出身。1998年長野オリンピックにアイスダンスのベラルーシ代表として出場し、16位。選手引退後は、タチアナ・タラソワのチームで、アレクセイ・ヤグディンの振り付けなどを担当。現在は、安藤美姫選手、織田信成選手などを教えている。

実際に滑って選手を指導

スケートに対する熱意なら、誰にも負けない——ニコライ・モロゾフはそんな強い情熱を持ったコーチです。朝から晩までリンクサイドで過ごし、食事の時間さえもったいないとベーグルをかじっています。

現在は、安藤美姫選手、織田信成選手らに加え、アイスダンスのリード姉弟など、多くの日本選手を教えています。

ニコライの最大の特徴は、自分で振り付けした曲を自分で滑って、選手にお手本として示せるところです。まさに、百聞は一見に如《し》かず。

私もそんなニコライと岡崎真さんの指導のおかげで、オリンピックまでの短期間にスパイラルのレベルを上げ、ステップの質を高めることができました。

ニコライは1998年の長野オリンピックまでアイスダンスの選手として活躍していただけあって、表現力が非常に豊かです。体も柔らかく、「静香はできないの?」と言いながら、Y字スパイラルやストレートラインステップをニコニコと目の前でやられた時は「おお!」と思ったほど。それくらい選手と変わらぬ動きで、実際に滑って、振り付けを見せてくれるので、曲の微妙なニュアンスや細かい表現の仕方まで、手に取るように理解することができるのです。

情熱的なステップで盛り上げる

ニコライの振り付けの特徴は、曲のクライマックスに付けられる壮大なステップだと思います。彼は振り付けをする際、まず初めにこのステップから作るようです。後半に曲の盛り上がりがない場合は、編曲し、曲の最後にクライマックスシーンを持ってくるようにしていますどんなにジャンプが素晴しく、インパクトがあっても、ジャッジの目を引きつけられるのは、ほんの数秒にすぎません。しかし、ステップなら比較的長い時間、ジャッジの目を釘付けにし、強い印象を与えることができるのです。選手も曲の終盤に向かって、気持ちを盛り上げて滑っていくことができます。

選手を引っ張っていく強いコーチ

またニコライは、非常に研究熱心で、ジャンプやスピンの点数を綿密に計算し、抜け目のないプログラム構成を作ることでも知られています。

選手の自主性を重んじるより、みずから引っ張っていくタイプのコーチで、スケジュールや日常生活の管理までしっかり行います。安藤美姫選手は、そんなニコライコーチに絶対の信頼を寄せています。「この人についていけば大丈夫」という存在を得られたことが、彼女の精神的な安定につながっているようです。調子を上げてきた安藤選手とニコライが、オリンピックシーズンにどんな戦いを見せるのか、非常に楽しみです。

ブライアン・オーサー

Brian Orser

カナダの国民的スケーターがコーチに

国籍＝カナダ。１９６１年12月生まれ。元フィギュアスケーター。１９８４年サラエボオリンピック2位、１９８８年のカルガリー2位。コーチとしての経験は浅いが、２００９年、キム・ヨナ選手を世界選手権優勝へ導いた。ほかにアメリカの若手アダム・リッポン選手のコーチもつとめている。

カナダの声援を味方に

キム・ヨナ選手のコーチとして有名なブライアン・オーサーコーチは、かつてオリンピックで活躍した男子フィギュアスケートの選手。１９８４年のサラエボオリンピックと１９８８年のカルガリーオリンピックで、いずれも銀メダルを獲得しています。

カルガリーオリンピックでは、カナダ選手団の旗手《きしゅ》をつとめるなど、カナダでも非常に人気があるコーチです。２００９年、キム・ヨナ選手が世界選手権で優勝した年に、選手やコーチとしてフィギュアスケートに貢献してきた人物を表彰する「世界フィギュアスケートの殿堂」に選ばれています。

オーサーコーチはごく最近までプロスケーターとして、アイスショーなどで活躍していました。コーチとしての経験は浅くても、つい最近まで現役で、選手に近い感覚を持っているという点では、メンタル面のアドバイスをする際などに有利かもしれません。

特にオーサーコーチは、世界のトップで戦ってきた選手ですから、オリンピックという特別な舞台での戦い方や、精神面でのコントロールの仕方についてよく知っています。それはキム・ヨナ選手にとっても、大きな安心材料になることは間違いありません。

キム・ヨナ選手は、2007年にオーサーコーチに師事するようになってから、着実に力を積み重ねてきました。その結果から見ても、選手とコーチとしてのふたりの相性はかなりいいのではないでしょうか。カナダの国民的ヒーローであるオーサーコーチが指導するキム・ヨナ選手は、カナダでもとても人気があります。

キム・ヨナ選手にとって、〝第二のホーム〟と言えるカナダで、たくさんの声援を味方につけ、力を発揮することができるかどうかが、大きな鍵となってくるでしょう。

佐藤信夫・佐藤久美子

Nobuo&Kumiko Sato

夫婦二人三脚で指導

佐藤信夫＝１９４２年1月生まれ。大阪府出身。元男子フィギュアスケーター。15歳で初めて全日本選手権を制して以来10連覇を達成。１９６０年スコーバレーオリンピック14位。１９６４年インスブルックオリンピック8位。現在は中野友加里、小塚崇彦のコーチをつとめる。過去に佐藤有香、安藤美姫、村主章枝のコーチをつとめている。
佐藤久美子＝１９４６年2月生まれ。大阪府出身。元女子フィギュアスケーター。１９６８年グルノーブルオリンピック8位。荒川静香の金メダルをニコライ・モロゾフと見守った。

コーチの神様・信夫コーチ

佐藤信夫・佐藤久美子コーチは、ご夫妻でチームを組んで選手を見ることもあります。１９９４年の世界選手権チャンピオンで現在はプロスケーターの佐藤有香さんのご両親であることでも有名ですね。

私は、主に佐藤久美子コーチに見ていただいていましたが、久美子コーチが不在の時には、信夫コーチからアドバイスをいただくこともありました。

数々の名選手を育ててきた信夫コーチは〝コーチの神様〟と言われる存在。コーチ歴の長さも〝神様級〟です。

非常に研究熱心で、理論派でもあり、選手がきちんと納得するまで、説明して下さいます。レッスンも非常に丁寧で、基本のスケーティングやステップを徹底して鍛えていきます。信夫コーチについている選手は、小塚崇彦選手や中野友加里選手をはじめ、スケーティングが非常に美しい選手が多いことが、そのことを証明しています。

お母さんのような存在の久美子コーチ

一方、佐藤久美子コーチは、信夫コーチとはまた違った教え方をします。

信夫コーチが理論派なら久美子コーチは直感派とでも言うのでしょうか。選手に対しても自由に伸び伸びやらせておいて、押さえるポイントはしっかり押さえるというタイプです。

選手の個性や性格をよくつかんでいて、その選手に応じたアドバイスや練習の仕方を提案してくれます。

私は、試合前になると、つい根をつめて練習しすぎてしまうタイプだったのですが、そんな時は笑いながら、「今さらそんなに練習しても変わらないわよ」と肩の力を抜くようなことを言ってくれました。

試合前の6分間練習をやりすぎてしまう選手には、「ここは練習する場所じゃないのよ。やるなら練習のリンクでしっかり」と言って緊張をほぐしたりする。選手の心をコントロールし、平常心に持っていくのがすごく上手なコーチです。

トリノオリンピックで金メダルを取った時には、ニコライ・モロゾフコーチと一緒に久美子コーチからも指導を受けていました。まるでお母さんのようなあたたかい存在感のある久美子コーチが側についていてくれたことで、安心して楽しんで舞台に立つことができたと思っています。

試合前の緊迫した場面で、日本語で意思疎通ができるというのも、選手にとっては非常に大きいことです。

佐藤信夫コーチ、佐藤久美子コーチのためにも、日本の小塚選手、中野選手には、ぜひ頑張ってもらいたいですね。

第5章

Lesson V

今さら聞けない
フィギュアスケート
Q&A

フィギュアスケートはわかりにくそうで、実はわかりやすいスポーツ

フィギュアスケートは、競技人口が少ないせいか、「よくわからない」と言われることが多いスポーツ。

実際はルールなど知らなくても、誰でも楽しめるスポーツなのですが、ルール以外の点でもちょっとした質問をいただくことがあります。

たとえば、「キス&クライで、選手とコーチは何を話しているの?」とか「スピンでは目がまわらないの?」といった質問をよく受けます。ほかにも、「試合前のヘアメイクは自分でするのですか?」とか「ロッカールームでは何をやっているのですか?」というよ

うな質問もあります。

中には、子どものころからやってきた私には想像もできないような質問も結構あって、そんな質問に出合うたびに新鮮な気持ちになったりします。

選手にとっては当たり前でも、観客の皆様からすると不思議なことって結構いっぱいあるのかもしれません。

解説者としてできるだけわかりやすく説明できるように心がけていますが、まだ説明不足なところがいっぱいあるなと反省しています。

そこで、この章では、フィギュアスケートに関するちょっとした疑問や質問に、私なりに答えていきたいと思います。

このQ&Aで、皆様とフィギュアスケートの距離が少しでも近くなったら、とても嬉しいです。

Q1

6分間練習は何のためにするのですか？

試合が始まる前に、6分間練習というのがありますが、あれは何のためにやるのですか？　また6分間練習の途中で選手同士がぶつかりそうになって「あわや大惨事！」という場面を見たことがあるのですが、わざとぶつかってくる選手って、いるのですか？

A

わざとぶつかってくる選手なんていません！

そんなことをしたら、自分からぶつかった選手もケガをしてしまいますし、大事な試合の前に何のメリットもありません。

フィギュアスケートの公式戦では、6人が1グループになって滑ります。大勢の選手が滑るとリンクがエッジでガタガタになってしまうので、全選手が続けて滑ることはできません。そこで選手を何組かに分け、途中で何回か、整氷《せいひょう》の時間を取るのです。

6分間練習は、氷の感触《かんしょく》を確かめるために行われます。日本語では「練習」と訳されますが、英語では「warm-up-time（ウォームアップタイム）」。あくまで最終調整をする場所であって、練習する場所ではありません。

同時に体を適度にあたため、コスチュームの具合も見ます。コスチュームを着けての練習は普段ほとんどしませんから、ここでしっかり感覚を確認するのです。軽くジャンプの確認を行い、いいイメージで終わることが大切だと思います。6分間練習の最後に跳んだジャンプで転倒してしまうと、その嫌な感覚が体に残ってしまって、本番に影響してしまうような気がするものです。

これも人によって差はあります。6分間練習がボロボロで、どうなるのだろうと思っていた選手が、試合では完璧な演技をこなすということもありますが、私の場合は、いいイメージを持って終われるように心がけていました。6分間練習はジャッジも見ています。練習での動きをしっかり見ていて、それが試合での得点にも影響するという人もいますが、実際のところは、はっきりとは言いきれません。

私も試合では3回転+2回転のコンビネーションジャンプしか跳ばなかった時でも、練習では3回転+3回転のコンビネーションジャンプを跳んでいました。ジャッジへ自分の力をアピールする意味もありますし、ほかの選手に3回転＋3回転を跳んでくるかもしれないと思わせる作戦の意味もありました。

それから、6分間練習で危ない場面を見たということですが、スケーター同士の動きはお互いだいたい読めるので、衝突《しょうとつ》という事態はめったに起こりません。また、通常の練習では、大勢の人が滑るリンクで練習していますから、6人に対し、リンクが狭すぎるということも考えにくいことです。

ではなぜ衝突事故が起こるのか？　それは恐らく選手がとても緊張していて、平常心ではないからだと思います。

プロスケーターの本田武史《ほんだたけし》さんが「男子フィギュアスケートの歴史では、一度も衝突事故が起きたことがない」と言っていたのですが、確かに私の知る限り、男子で事故が起こったという話は聞いたことがありません。

なぜ女子だけに起こるのか……不思議な現象です。

6分間練習の時、選手は自分の技だけに集中しているように見えますが、周りのこともちゃんと見ています。それは自分が人に迷惑をかけないためでもありますし、自分の身をケガから守るためでもあるのです。

しかし、非常に緊迫《きんぱく》した状況の中で周りのことが見えなくなり、いつもなら起こりえない事故が起こってしまうこともあります。

オリンピックなどの大事な試合では、こうした事故は絶対に避けなければいけません。すべての選手が気持ちよく戦えるように、見守りたいですね。

Q2

一番有利な滑走順は、何番目？

フィギュアスケートの試合では、滑走順が大事だと聞いたことがあります。荒川さんは、一番いい滑走順は何番目だと思いますか？

A

最終滑走者が一番いいと思います。

フィギュアスケートの試合では、滑り終わった順番に点数をつけていくので、滑走順が早いとどうしても点数が出にくくなってしまうのです。

どんなにいい演技でも、その人より後に滑る人がもっといい演技をするかもしれないという予測がある限り、ジャッジは多少のゆとりを残すのだと思います。従って、最終滑走者が一番有利と言えるでしょう。

またスタンドのお客様の応援や歓声も最終滑走に近づくにつれ、どんどん盛り上がっていくので、観客を味方につけるという意味でも、滑走順は遅いほうがいいかもしれません。逆にグループで最初の滑走になると、呼吸を整えるためにも、6分間の直前練習を1分くらい早く切り上げなければなりません。実は私、いつも第1滑走者にだけはなりたくないと密《ひそ》かに思っていました。

フリープログラムの滑走順は、ショートプログラムの結果によってグループが分かれます。ショートプログラムの順位が低い順に6人ずつ滑っていくのです。世界選手権やオリンピックの場合、6人の間の順番は抽選で決定します。

ただし、最終滑走者が有利と言いましたが、オリンピックなどの大きな試合になれば、順番が後になるにつれプレッシャーの重みも刻一刻と増していきます。その点はほかの試合と大きく異なるので、覚悟が必要でしょう。

どんな滑走順であっても、持っている力を出し切ることができる選手が最後に勝つということは、どの試合でも変わることはありません。

Q3

「キス&クライ」で選手とコーチは何を話しているのですか?

試合が終わった後、選手が点数を待つために待機する「キス&クライ」では、コーチと選手はどんな会話をするんですか?

A

その質問、よく聞かれます。

でもあまりいい答えが思い浮かばないんです。

ほかの選手はどうだかわかりませんが、コーチはたぶん「お疲れさま」とか「よくできたよ」とか、そんな他愛《たあい》もない言葉をかけているのだと思います。

私は試合が終わった後は、もうどうでもいいというか、滑り終えたことへの安堵感ばかりで、コーチと何か話すこともありましたが、ほとんど何も覚えていないんです。覚えていないということは、たいしたことは話していないということなのだと思います。コーチも終わったばかりの試合に対して、その場で分析をしたり、細かいことを言う、なんてことはありません。

ただ、出来が悪かった時、「キス&クライ」の居心地は、やはりあまり良くないです。早く得点を聞いて、ロッカールームに引き上げたいと思ってしまいます。

「キス&クライ」なんてロマンチックな名前が付いていますが、あの場所は、試合が終わった選手が、まず最初に座れる場所でもあるんです。フリープログラムの後などは、かなり体力が消耗《しょうもう》していますから、とりあえず「キス&クライ」に座って呼吸を整えるといった感じでしょうか。

タチアナ・タラソワコーチは、本当に一生懸命なコーチで、私が演技している時、いつも声を張り上げてくれました。だから演技が終わって「キス&クライ」でタチアナの隣に座ると、彼女の息のほうが上がっていることがあったり(笑)……。それがとても嬉しかったです。2004年世界選手権で優勝した時は、「キス&クライ」で私以上に喜んでくれました。とても満足そうな顔で「キス&クライ」に座るタチアナの顔を見て、私も「(演技が)良かったんだ」という喜びを実感することができたことを、よく覚えています。

Q4

ヘアメイクは自分でするのですか?

荒川さんはオリンピックの時、自分でヘアメイクをしたと聞きましたが、ほかの選手もそうなのでしょうか。ヘアメイクの出来不出来が試合に影響したりするのでしょうか?

A

自分でする選手がほとんどだと思います。

曲の雰囲気や振り付けに合わせて、どんなヘアメイクがいいのか考えます。

プロにお願いすると時間もお金もかかりますし、海外遠征が多いですから、トップ選手でもみんなヘアメイクは自分でやっていると思います。

ニコライ・モロゾフコーチは、ヘアメイクに関しても、しっかり指導することで知られていますが、私の時は「静香はもう十分大人だから、任せるよ」と言われ、特にアドバイスされるということはありませんでした。

試合出発前に、ホテルなどでメイクしてそのまま試合に臨みます。途中で直したりすることはなかったです。

アイスダンスの選手のほうが、ヘアスタイルやメイクに関してはとても熱心です。

また、ヘアでは、髪を留める飾りやピンなどを演技の途中で氷上に落としてしまうと、ほかの選手の迷惑になるので、その点はいつも気を使っていました。

メイクが試合に影響するかという質問ですが……どうでしょう？

私は関係ないと思ってやっていましたが、曲や振り付けのイメージを表現するうえで、プラスに働くことはあったかもしれません。

やはり音楽、振り付け、表情、衣裳、ヘアメイクまですべてトータルで意識され、考えられているプログラムは、見応えがあります。

フィギュアスケートが人に見られるスポーツである以上、見た目の印象は大切です。いかに細部にまでこだわってプログラムを完成させられるかということも、勝負のひとつなのだと思います。

Q5

試合が始まる前、選手はロッカールームで何をしているのですか？

選手は試合が始まる前、ロッカールームで待機している間、何をしているのですか？ ほかの選手の試合は見ないのですか？

A

ほかの人の試合は見ません。

たぶんこれは、私に限らず、ほかの選手も同じだと思います。

試合までは人とほとんど話す時間もなく、音楽を聴いたり、ストレッチをしたり、自分の集中を切らさないようにしている選手が多数です。

でも、私はひとりの世界に入るともっと緊張してしまうタイプだったので、なるべく緊張していないと思われる人と話すようにしていました。

これから出場する選手に話しかけるわけにはいかないので、コーチやスタッフ、すでに試合が終わっている選手と他愛のない話をしていました。

出番を待っている時、よくどんな音楽を聴いているのですか？と質問されるのですが、やはりこれからプログラムで滑る曲を聴いて、イメージを作っている人が多いと思います。私の場合、プログラムで滑る曲を聴くこともあれば、まったく別の曲を聴くこともありました。

以前、『マツケンサンバ』でひょこひょことジョギングをしていたら、動いているテンポで、周囲にいたスタッフにばれてしまい、笑われたことがありますが（笑）、それぞれが思い思いの方法で試合への緊張感を高めているといった感じです。

人の試合を見ないのは、その時、見ても仕方がないからだと思います。フィギュアスケートは個人競技です。自分が持っている力をどれだけ出し切るかが全て。人の演技に惑わされず、自分に集中するほうがいい結果が出ることをみんな知っているのでしょう。

私は自分の演技が終わってからも、ほかの選手の演技を見ることはありませんでした。「○○していたら」「××すれば」と考えてしまうのが嫌だったのです。〝タラレバ〟が通用しないのがスポーツの世界。出された結果を受け止めようと思っていました。

Q6 ショートプログラムとフリープログラムはどちらが重要ですか？

ショートプログラムは時間が短いですが、ショートで引き離されると逆転が難しいように思います。でも10点差がついてもフリープログラムで大逆転する選手もいます。結局どちらのほうが大事ですか。

A どちらも非常に重要です。

まずはそれぞれの違いから説明させて頂きます。

ショートプログラムでも、フリープログラムでも、選手が選んだ曲で決められた時間を滑ります。ショートプログラムが2分50秒以内、フリープログラムが4分前後10秒の範囲内です（男子は4分半）。

それぞれプログラムに組み込める技の数に関しては、決まりがあるため、自分の得意な技だけやって得点を稼ぐということはできません。

特にショートプログラムのほうが、その決まりが厳しく、時間内に「アクセルジャンプ」「ステップからのジャンプ」「ジャンプコンビネーション（3回転＋2回転や3回転＋3回転）」「フライングスピン」「レイバックスピン」、「スピンコンビネーション」「ステップシークエンス」「スパイラルシークエンス」（男子の場合、求められる要素が多少異なる）の8つの技を組み込まなければなりません。

ショートプログラムは時間が非常に短いことと、やらなければいけない要素が決められているので、失敗したからといって途中で構成を変えて取り返すということはできません。ジャンプ、スピン、ステップといったそれぞれの技の正確さを見るため、ミスのない演技が求められるのです。

それに対して、フリープログラムは要素を増やし、構成は自由です。制限はありますが、自分の得意な技を組み合わせ、演技を構成することができます。

私はショートプログラムがあまり好きではありませんでした。決められたことをやらなければいけないという張り詰めた緊張感みたいなものがあって、窮屈《きゅうくつ》な感じがしていました。特に新採点方式になる以前は、ショートプログラムで出遅れるとフリープログラムで頑張っても大逆転というわけにはいかなかったので、「絶対ショートはミスできない」という思いが強かったのです。

新採点方式では、ショートプログラムでミスをしてもフリープログラムで逆転できる可能性が広がりました。

実際にショートプログラムで、トップの選手に10点以上、差をつけられてしまった選手がフリーで大逆転、というパターンを見かけます。

とはいえ、オリンピックなど有力選手が多く集まる試合では、0・01点が命取りになるといったことも十分起こり得ます。ショートプログラムでもミスなく、確実に点数を積み重ねていくことが、勝つためには必要だと思います。

Q7

オリンピック、世界選手権、グランプリシリーズ、全日本選手権、それぞれの大会の違いって何ですか?

最近、いろいろな試合がテレビで中継されるようになりましたが、違いがいまひとつわかりません。難易度などはあるのでしょうか?

A

難易度というより、出場する選手によって重要性が異なります。

やはりオリンピック、世界選手権は、どの選手にとっても、最も大きな目標であることは確かです。

世界選手権の成績によって、オリンピックや翌年の世界選手権の国別出場枠が決まるという意味でも、世界選手権はプレッシャーのかかる試合であることは間違いありません。

2008―2009年シーズンの世界選手権、高橋大輔選手がケガで不在の中、バンクーバーオリンピックの男子出場枠をかけて、織田信成選手、小塚崇彦選手、無良崇人選手が奮闘し、3枠を獲得したことは、記憶に新しいと思います。

世界選手権以外ですと、やはりグランプリシリーズは大きな試合です。日本の場合、特にオリンピック出場選考に関して、グランプリファイナルまでの成績も加味するので、オリンピックイヤーには重要な意味を持っています。

グランプリシリーズは、毎年、10~12月にかけて開催されます。

エリック・ボンパール杯（フランス）、ロシア杯（ロシア）、中国杯（中国）、NHK杯（日本）、スケートアメリカ（アメリカ）、スケートカナダ（カナダ）と全部で6大会あり、12月半ばには、順位ポイント上位6人のみがグランプリファイナルに出場します。

グランプリファイナルは、毎年開催国が変わるのですが、2009年は日本（東京）で開催されます。ファイナルに進出する6人というのは、グランプリシリーズ各大会での順位ポイントによって決まります。1位＝15ポイント、2位＝13ポイント、3位＝11ポイント……とそれぞれ決められていて、2大会の合計で競われます。

このポイント制、わかりやすいシステムではあるのですが、試合によって出場選手が異なるため、世界の強豪が同じ試合に集まってしまうと大変です。

2009―2010年シーズンは、開幕戦でもあるフランス大会に、浅田真央選手、キム・ヨナ選手のほか、中野友加里選手、カロリーナ・コストナー選手、サーシャ・コーエン選手……有力選手が多数エントリーしています。見る側は面白いのですが、ファイナル進出を目指す選手にとっては、非常に厳しい試合になるでしょう。

私もトリノオリンピックシーズンのグランプリシリーズでは、強豪選手がそろう試合が多く、「なんてアンラッキーなんだろう、別の試合に派遣《はけん》されたかった」と嘆いたものですが……厳しい試合に出場する人も負けずに頑張ってほしいものです。

上位6人で競われるグランプリファイナルが終わった後、クリスマスごろに開催されるのが、全日本選手権です。ここでオリンピックや世界選手権に派遣する選手の最終選考が行われます。

世界選手権派遣に関しては、全日本選手権の上位者が選ばれるのが基本（ただし、オリンピックシーズンは例外）ですから、全日本選手権の成績は非常に重要です。バンクーバーオリンピックの代表選考もやはり全日本選手権での成績が非常に重視されますから、オリンピック出場を目指す選手にとって、とても大切な試合になります。

年が明けるとヨーロッパ勢だけで競われるヨーロッパ選手権、アジア、アフリカ、アメリカ、オセアニア大陸の選手で競われる四大陸選手権などが続きます。そして1年を締めくくる世界選手権が3月に行われ、スケートシーズンは終了します。２０１０年は皆様ご承知のとおり、世界選手権の前にオリンピックがあります。ここではトップ選手が出場するような大きな試合のみにしぼりましたが、ほかにも、ＩＳＵ（国際スケート連盟）が主催する大会はたくさんあります。

現在、特に日本の女子は、実力が拮抗《きっこう》している選手が多く、誰がバンクーバーオリンピックに出場するのか、予想がつかない状態です。一試合一試合、落とすことができない試合ばかりだと思いますが、目標を見失うことなく、全力で頑張ってほしいと思います。

Q8

安藤美姫選手は、トリノオリンピックの雪辱を果たすことができますか？

トリノオリンピックでは、4回転ジャンプが決まらず15位だった安藤美姫選手。バンクーバーではメダルが取れるでしょうか？　本来実力のある選手がありえないような失敗をしてしまうなど、「オリンピックには魔物が住む」と聞きますが……心配です。

A

安藤選手がメダルを取る可能性は、十分高いのではないでしょうか。

そう期待しています。

安藤選手は、トリノオリンピックの時は、まだ10代だったこともあって、メンタル面の不安定さが顔をのぞかせていましたが、最近はとても落ち着いています。それにバンクーバーは初めてではなく、2回目のオリンピック。戦い方や心に余裕を持って臨めるのではないでしょうか。

オリンピックの雪辱……と言えば、私も高校生の時、初めて出場した長野オリンピックでは、不本意な結果に終わりました。

あの時のことは、今思い返しても「夢の中」という感じで、オリンピックという魔物に完全に飲み込まれてしまっていたのだと思います。

「オリンピックには魔物が住む」と言われるのは、本当かもしれません。名選手と言われる人が、これまで一度も転んだことがないジャンプで転倒するのを何度も見てきました。どれだけ心を強く持って、魔物を遠ざけるか——。

それぞれのタイプにもよると思いますが、私はできるだけ試合以外のことで気を紛らわせて、試合に集中しすぎないようにしました。

トリノで、オリンピックの選手村に入ってからも、近くのモールに買い物に行ってアイスクリームを食べたり、選手村の様子をビデオカメラに収めたり……とにかくオリンピックを思いっ切り楽しみました。

ショートプログラム当日は、選手村の美容室《びようしつ》に予約を入れ、髪を巻いてもらいました。後で周囲にこの話をすると、「もし初めての、しかも海外の美容院で、変な髪形にされたらどうするつもりだったんですか！」と驚かれますが、その時はその時だ、と思っていました。リラックスしたい、オリンピックを楽しみたい、という気持ちのほうが強かったのです。

でも、女子フィギュアはオリンピックの本当に最後の数日間に行われる競技だったので、美容室の人は、試合が終わって打ち上げパーティーにでも行くのだろうと思っていたそうです。これから試合に出ると言ったら、驚かれました。今思えば、我ながらずいぶんお気楽だったなと思います。

おかげで私はいろんなことを見渡せる余裕を持てたので、魔物とは戦わずに済みました。ただ、アスリートタイプの選手は、私とは違い、スケートや試合にとことん集中し、その中に自分自身を没頭させることで、調子を上げていく人が多いように思います。

どうやってメンタルをコントロールしていくかは、人それぞれで異なりますが、自分がどんな時、リラックスして力を発揮できるか、〝自分を知る〟ことは大切です。

私はトリノオリンピックが終わった直後に、安藤選手に、

「今回のオリンピックは、夢をかなえた場所、次のオリンピックは思ったとおりに戦える

場所になる」

と、言いました。最初のオリンピックでは、誰でもいろいろな情報、さまざまな人の意見などに惑わされてしまうもの。何を取捨選択《しゅしゃせんたく》していいのかわからず、いろいろな人の話を聞いているうちに、自分に集中できなくなってしまうのです。

でも、2回目のオリンピックとなるバンクーバーでは、安藤選手も周りの雑音に惑わされることなく、自分の戦いをすることができるはず。

トリノオリンピックでの経験を強さに変えて、ぜひ力を出し切ってほしいと思っています。

Q9

解説者は誉めているのに、点が伸びないことがあります。あれはどうしてですか？

いつもテレビでスケートを観戦しているのですが、解説者の話ではすごくいい演技だったように感じるのに、実際には、得点が伸びないことがあります。なぜですか？

A

解説者からは見えない角度の演技もあります。

新採点方式が導入されてから、ジャンプの回転不足などが得点に大きく影響するようになりました。回転不足か否かの判断がジャッジと解説者と異なってしまうと、結果が大きく変わってしまうことが起こり得ます。

回転不足などは、どの位置に座っているかによっても見え方が違うため、回転が足りているか足りていないかの判断はとても難しいのです。

ジャッジは録画した映像を詳しくスローで見返せるけれど、解説者はすぐに見返せないという難しさもあります。

また明らかに回転不足に思えたジャンプがセーフ（回転不足を取られない）というケースもあるので、正直、解説者も実際に得点が出るまで、確かなことが言えないのです。だからどうしてもあやふやな表現が増えてしまう。「すごくよかった」「確実に跳べた」とは言い切れないのが辛いところです。

私も解説の仕事をさせていただいていますが、毎回、難しさを痛感しています。

私が心がけているのは、選手の良さを最大限、引き出すこと。そのためにも、演技の流れがいい時は、余計な口は挟まず、存分に見ていただくようにしています。良い演技に解説はいらないと、最近つくづく感じます。

逆にミスを連発してしまって本来の演技ができていない選手に対しては、「いつもは○○ができる選手です」と、できるだけフォローするようにしています。

一般的に解説者が静かな時のほうが、多弁な時よりも選手はいい演技をしているのだと考えていただいていいと思います。

ジャンプの回転不足やエッジの踏み切りなどについて、細かい解説を加えていたこともありましたが、「試合の途中にそんなこと言うなんて、興ざめしてしまう」という視聴者からのご意見を聞き、「もっともだ」と思って、最近では、選手が「キス&クライ」で得点を待っている時、あるいは、得点が出た後に、細かい解説をするようにしています。

テレビでスケートを見ている方は、選手の演技に集中したいものだと思うので、言葉はできるだけ少なくし、邪魔にならないように心がけています。解説がうるさくて曲が聴こえないとか、演技に集中できないというのでは、申し訳ないですから。

私はフィギュアスケートは感性で楽しむものだと思っているので、解説以上に全体の雰囲気や演技を楽しんでほしいと思っています。

目の前で起こっていることを的確な表現でしゃべるのは、本当に難しいことです。まだまだ解説者としては勉強中で至らないところだらけですが、ひとりでも多くの方に、フィギュアスケートを楽しんでいただきたいと願っています。

Q10

選手は演技をしている時、どこを見ているのですか？

選手は、スピンやジャンプをする時、どこを見ているのでしょうか。観客の顔は見えるのですか？ スピンをする時、目がまわってミスしてしまったりしないのでしょうか？

A

私はいつもジャッジをメインに、周りやコーチのことも見ていました。

フィギュアスケートは採点競技なので、やはりジャッジの採点が基本になります。従って、一番の見せ場や自分のアピールポイントをジャッジの前で行うよう、あらかじめプログラムが作られています。

私は試合中、ついつい余計なことを考えてしまうタイプだったので、トリノオリンピックのフリープログラムの演技直前に、「このジャッジ、ショートプログラムの時にいたかな？」とか、どうでもいいことを考えてしまって、「そんなこと今考えるべきことじゃない」と自分で自分にツッコミを入れていました(笑)。

それからスピンで目がまわることがないというスケーターもごく稀《まれ》にいますが、私はいつも目がまわっていました。スピンの直後では、前後左右がわからなくなるのです。

最後のコンビネーションスピンは、ジャッジの正面で前向きにやる予定でいたのに、その前のスピンで目がまわっている状態で次の動作に行ったので、前後を間違えて出てしまい、ジャッジに背を向けてやらざるを得なくなってしまったことも……。

テレビ画面などでは、わからないと思いますが、結構そういうミスはありました。

観客の顔というのは、演技が始まる前と終わった後は見えるのですが、演技中はあまり見えませんでした。

でも拍手や客席が盛り上がっている様子は手に取るようにわかります。

お客様の盛り上がりに選手もどんどんテンションを上げていき、素晴らしい演技ができるということがよくありますので、ぜひたくさんの応援を選手にしていただきたいです。

Q11 エキシビションの楽しみ方を教えてください。

競技の後、上位入賞者で演じられるエキシビションを見るのが楽しみです。競技とは違った楽しみ方などあったら教えてください。

A 堅苦しく考えず、自由に楽しむことをお薦《すす》めします。

公式戦の後に行われるエキシビションは、上位に入った選手だけが出場を許される、特別な舞台。

試合の時とは違う、暗闇《くらやみ》の中でスポットライトを浴びながら滑ることは、選手にとってもとても気持ちが良いものです。

ジャンプの失敗や、回転不足、細かいことを一切気にせず、気持ちを楽にして滑ることができるので、その選手の最も〝素〟に近い滑りや表情を見られるのも、エキシビションならではでしょう。そこに注目して見ていただくと、試合の時とはひと味違った、選手の魅力が見つけられるかもしれません。

エキシビションでは、自分の得意なジャンプや技を中心にしたプログラム構成をしますので、失敗するということもあまりありません。

私は人と競うことが求められる試合より、エキシビションで滑るほうが何倍も好きでした。

やはり試合が近づくと、ショートプログラムやフリープログラムの練習が中心になるので、エキシビションの練習というのはほとんどできなくなります。

私がオリンピックで滑った『You raise me up』は、タチアナ・タラソワコーチに最初の部分を振り付けてもらったのですが、最後まで通しでやる時間がほとんどなくて。なので、後半部分は自分で作ったアドリブがかなり入っているんです。

試合のプログラムに加え、選手たちが用意するエキシビションプログラムも要注目です。ぜひエキシビションを披露できるように、試合で上位に食い込めるよう、選手たちは頑張ってほしいです。

Q12

オリンピックにジンクスはありますか？

オリンピック独特のジンクスってあるのですか？　荒川さんはなにか験《げん》を担ぎましたか？　ほかの国の選手もジンクスを気にしたりするんですか？

A

あると言われています。

女子フィギュアでは、青い衣裳を着た選手が金メダルを獲得するというジンクスがあると、トリノオリンピックの際、関係者は言っていました。

実際に、1998年に長野オリンピックの金メダリスト、タラ・リピンスキーと、2002年ソルトレイクシティオリンピックの金メダリスト、サラ・ヒューズが、青系の衣裳を着ていたという話は以前から知っていましたが、私はジンクスや迷信などには、興味がないタイプの人間なので、「たまたまでしょう」と、まったく気にしていませんでした。

ところが、いよいよオリンピックが近づき、当日の衣裳を決めなければいけないという段階になって、ニコライ・モロゾフコーチが「どうしても青い衣裳を着てほしい」と言ってきたのです。

何ごとにも合理的なニコライがこんなことを言うなんてと、ちょっとびっくりしましたが、「オリンピックはブルーだ、青を着て」というニコライの真剣な言葉に押され、フリープログラムには、青い色のデザインを採用しました。私は、色で運命が変わるとは思えないので、何色でも良かったのですが。

けれど、最終的にはブルーの衣裳で金メダルを取ることができ、青い衣裳のジンクスは、さらに「不思議なジンクス」として引き継がれることとなったのです。

浅田真央選手やキム・ヨナ選手のような有力選手たちがオリンピックシーズンにどんな衣裳を身にまとうのか、考えるだけでも結構ワクワクするものです。ジンクスを信じて、オリンピック当日だけ、青い衣裳に替えてくる選手もいるかもしれませんね。

私は衣裳を見るのが大好きなので、誰がどんなコスチュームをまとうのか、ものすごく楽しみです。

衣裳のほかにも、験を担いでいつもロッカールームでも、同じ位置の椅子しか使わない選手がいるなど、フィギュアスケートにはいろいろ面白いジンクスを持った人がいます。非常に緊張する場面で、自身の力となる方法を知っていることは、重要なことなのかもしれません。

おわりに
～選手と読者のみなさんへ伝えたいこと～

いよいよ、２０１０年、バンクーバーオリンピックに向けたシーズンがスタートしました！　日本女子、日本男子ともにオリンピック代表枠は３。熾烈な国内代表争いが始まります。選手たちは、必死にオリンピックに向けて練習に取り組んでいます。

４年に一度しかないオリンピック。

スケーターなら、誰もが憧れる夢の舞台。だからこそ、選手のみなさんに、伝えたいことがあります。

オリンピックは、オリンピックそのものがゴールではなく、そこを目指す道のりこそが大切だと、私は思っています。

失敗することもあるでしょうし、思いどおりに行かないこともあるかもしれません――

でもそれらを無駄だと感じていたら、本当にすべては無駄で終わってしまいます。

つまずいて転んだら、何かを拾って立ち上がってもらいたい。ただの石だと思って拾わなかったら、もったいない。その石が、ダイヤの原石だったということだってあると思うのです。

本当に人生、どこにヒントが落ちているかわからないものだと思います。

いろいろなことに気を配り、目標に向かってどん欲に頑張ってほしい。

人はいくつ失敗したか、いくつ考えたかで成長するもの。

一日一日を悔いなく過ごし、〝その時〟を迎えてほしいと思っています。

そして、オリンピックに出場できたなら、誰もが経験できるわけではない、特別な舞台に立てる幸せを存分にかみしめてほしいと思います。

オリンピックを経験することは、人生において、大きな財産になります。

フィギュアスケートは、氷の上ではたったひとりだけれど、気持ちはひとりではありません。応援してくれる人の気持ち、自分の気持ち、来られなかった人の気持ち……みんなの気持ちを心に留めて臨めば、結果は後からついてくるものです。

この本には、フィギュアスケートをひとりでも多くの人に知っていただきたい、という気持ちをつめ込みました。

簡単なルール解説や見どころ、皆様からよく聞かれる質問などについて、できるだけわかりやすくと心がけましたが、フィギュアスケートはルールがわからなくても十分楽しめるスポーツです。

衣裳が素敵！　曲がきれい、あの選手の踊りが好き……どこから入っても構わないと思います。

十人十色の楽しみ方ができるのが、フィギュアスケートの魅力でもあります。

そして、シーズン序盤からフィギュアスケートを見る人は、ぜひ、シーズンを通しての選手の成長を見守っていただければと思います。

特にオリンピックシーズンは、ひとつひとつの試合が選手にとって、非常に重要な意味を持っています。

私自身のトリノオリンピックまでの道のりにも、多くのドラマがありました。

ジャッジの出した点数に対していかに対処し、どのように修正をかけていくか、自分の欠点をどれだけ克服できるか、曲と振り付けをどれだけ自分のものにできるか……バンクーバーオリンピックまで、残された時間はごくわずかです。

選手ひとりひとりがどれだけ努力し、成長したか——その過程を見るのは、オリンピックを見るのと同じくらい、いえ、それ以上にエキサイティングです。

1試合ごとに一喜一憂するのも楽しいものですが、ぜひ長い目で選手たちを応援していただきたいと思います。

そして選手も彼らを応援する私たちも、フィギュアスケートを思いっ切り楽しみましょう！

いざ、2010年バンクーバーオリンピックへ。

荒川静香《あらかわしずか》

1981年、東京都生まれ。早稲田大学教育学部卒業。プリンスホテル所属。5歳からフィギュアスケートを始める。94年〜96年、全日本ジュニアフィギュア選手権で3連覇。97年全日本選手権で初優勝。98年長野オリンピックへ出場。全日本選手権2連覇。2003年ユニバーシアード、冬季アジア大会優勝。2004年世界選手権優勝。2006年トリノオリンピックでアジア人選手として五輪フィギュアスケート史上初の金メダルを獲得。2006年5月プロフィギュアスケーターへ転向。みずから企画・プロデュースするアイスショー「フレンズ オン アイス」のほか、「プリンスアイスワールド」「アート オン アイス」等、国内及び海外のアイスショーを中心に出演。解説者としても活躍しているほか、テレビやイベント出演、また、イタリアのピエモンテ州の観光大使を務めるなど幅広いジャンルに活躍の場を拡げている。
公式ウェブサイト http://www.shizuka-arakawa.com/

フィギュアスケートを100倍《ばい》楽《たの》しく見《み》る方法《ほうほう》

2009年11月16日　第1刷発行
2009年12月10日　第2刷発行

著者　荒川静香《あらかわしずか》
発行者　鈴木 哲
発行所　株式会社講談社
東京都文京区 2-12-21　〒112-8001
販売部　03-5395-3625
業務部　03-5395-3615
編集　株式会社講談社エディトリアル
代表　土門康男
〒112-0012　東京都文京区大塚 2-8-3　講談社護国寺ビル
編集部　03-5319-2171
印刷所　凸版印刷株式会社
製本所　株式会社国宝社

N. D. C. 784 183p 19cm
ISBN978-4-06-215716-2

本書のデータは、2009年9月現在のものです。